Angewandte Magie

Dion Fortune

Verlag Heliakon

Verlag Heliakon

www.verlag-heliakon.de
info@verlag-heliakon.de

Umschlaggestaltung: Verlag Heliakon
Herstellung und Vertrieb: BoD - Books on Demand, Norderstedt

Originaltitel: Applied Magic
Übersetzung aus dem Englischen
Übersetzer: Osmar Henry Syring

ISBN 978-3-943208--37-5

Die Deutsche Nationalbibliothek verzeichnet diese Publikation in der Deutschen Nationalbibliografie; detaillierte bibliografische Daten sind im Internet über dnb.de abrufbar.

Inhaltsverzeichnis

1. Der okkulte Weg

Der mystische Weg, der zur Vereinigung mit Gott führt, ist so bekannt, dass oft vergessen wird, dass es einen anderen Weg gibt, der scheinbar in eine andere Richtung führt, aber am Ende zum selben Ziel führt. Wir sind so daran gewöhnt zu hören, dass die Abkehr von der Welt und die Verleugnung seiner Selbst der einzig wahre Weg für die Seele ist, die das Höchste sucht, dass wir es kaum zu flüstern wagen, dass es einen anderen Weg geben könnte, den Weg der Beherrschung der manifestierten Existenz und die Apotheose des Selbst.

Es gibt zwei Möglichkeiten Gott zu verehren: wir können ihn in der unmanifestierten Essenz verehren oder wir können ihn in seiner manifestierten Form verehren.

Beide Wege sind legitim, sofern wir bei der Verehrung der manifestierten Form, die Essenz nicht vergessen und bei der Verehrung der Essenz diese nicht mit der manifestierten Form verwechseln, denn beides würde bedeuten, die Sünde des Götzendienstes zu begehen, die letztendlich nichts anders ist als eine falsche Gewichtung.

Der Mystiker versucht, Gott in der Essenz zu verehren; aber die unmanifestierte Essenz oder Wurzel Gottes entzieht sich dem menschlichen Bewusstsein. Deshalb muss der Mystiker, um den Gegenstand seiner Verehrung zu begreifen, das normale menschliche Bewusstsein transzendieren. Es ist nicht möglich, das innerste Wesen eines Zustandes der Existenz zu begreifen, außer wenn wir fähig sind, in es einzudringen und zumindest teilweise seine Erfahrungen zu teilen.

Der Mystiker hat deshalb die Aufgabe, sein Bewusstsein von den gewöhnlichen Fesseln der Form zu befreien.

In diese Richtung geht die asketische Disziplin, die das Niedere eliminiert, damit das Höhere befreit wird, um sich mit Gott zu vereinen und ihn dadurch kennenzulernen.

Der Weg des Mystikers ist ein Weg der Entsagung, bis er alle Grenzen seiner niederen Natur durchbricht und die Freiheit erreicht; dann bleibt nichts zurück, das ihn von Gott trennen könnte und seine Seele steigt empor zum Licht und kehrt nicht zurück.

Aber der andere Weg ist kein Weg der Entsagung, sondern ein Weg der Erfüllung; er besteht nicht darin, sich vom menschlichen Schicksal zu trennen, sondern in der Konzentration und Sublimation dieses Schicksals.

Jede Seele, die diesen Weg nimmt, erlebt ihre eigene Erfahrung auf jeder Stufe und jedem Aspekt der manifestierten Existenz und bringt sie ins Gleichgewicht, spiritualisiert sie und absorbiert ihre Essenz.

Das Ziel jener, die diesen Weg gehen, ist es die vollständige Herrschaft über jeden Aspekt des erschaffenen Lebens zu erreichen. Aber wenn wir über Herrschaft sprechen, meinen wir nicht die Herrschaft eines Sklavenhaltes über seine Sklaven, sondern wir meinen die Herrschaft eines Virtuosen über sein Instrument; eine Herrschaft, die sich auf die Fähigkeit stützt, sich an dessen Natur anzupassen und in seinen Geist einzudringen und so ihre gesamte Kapazität der Interpretation auszuschöpfen.

Der Adept, der die Herrschaft über die Sphäre von Luna gewonnen hat, erklärt der Welt die Botschaft des Mondes und offenbart seine Mächte in vollkommenem Gleichgewicht.

Das Reich, über das der Meister des Tempels herrscht, ist keine absolute Monarchie. Er erlangt diese Meisterschaft nicht, damit Throne, Herrschaften und Mächte ihm dienen, sondern um ihnen Gottes Heilsbotschaft zu bringen und sie zu ihrem hohen Erbe zu rufen. Er ist ein Diener der Evolution; Es ist seine

Aufgabe, Ordnung in das Chaos, Harmonie in die Disharmonie und unausgeglichene Kräfte ins Gleichgewicht zu bringen.

Die vedische Lehre der östlichen Tradition unterscheidet klar zwischen der Verehrung des unmanifestierten Gottes, der spirituellen Essenz der Schöpfung und der Verehrung der manifestierten Aspekte oder der Götter.

„Identifiziere das Selbst mit den Teilaspekten, die die Yoginis sind und die verschiedenen Mächte (Siddhis) werden erreicht. Identifiziere das Selbst mit der Maha-Yogini selbst und du wirst frei sein, denn du wirst nicht mehr du sein, sondern sie … Womit sich ein Mensch identifizieren sollte, hängt davon ab, was er will. Aber was auch immer es ist, er bekommt die Macht, wenn er sie will und dafür arbeitet." (World as Power von John Woodroffe)

Was sollte ein Mensch wollen? Das ist die nächste Frage, die wir uns stellen müssen. Die Antwort darauf hängt vollkommen von der Stufe der Evolution ab, die wir erreicht haben. Die Seele muss ihre menschlichen Erfahrungen vervollständigen, bevor sie bereit ist für die göttliche Vereinigung. Sie muss den Tiefpunkt des Abstiegs in die Materie durchlaufen, bevor sie auf den Pfad der Rückkehr gelangen kann. Wir sind nicht bereit für den mystischen Weg, bis wir uns dem Zeitpunkt unserer Freiheit vom Rad der Geburt und des Todes nähern; aber zu versuchen, diesem Rad zu früh zu entkommen, bedeutet unsere Ausbildung zu umgehen.

Wie eine Rennjacht, die die äußerste Markierungs-Boje umgeht und disqualifiziert wird; wir haben die Voraussetzungen der Befreiung nicht erfüllt, die verlangen, dass wir nichts umgehen und nur das hinter uns lassen, was wir beherrschen, ins Gleichgewicht gebracht haben und überwunden haben.

Es ist eine falsche Lehre, die von uns verlangt, etwas aus unserer Natur auszulöschen, das Gott dort eingepflanzt hat, so falsch und dumm wie ein temperamentvolles reinrassiges Fohlen zu verkrüppeln, nur weil es wild und ungebrochen ist. Die Liebe zur Schönheit, der lebendige Drang der sauberen, normalen, gesunden Instinkte, die Freude am Kampf, wir wären arme Kreaturen, ohne all das, das Gott uns gegeben hat und wir können davon ausgehen, dass er wusste, was er tat, als er es tat. Wer sind wir, um seiner Hände Werk zu richten und das zu verurteilen, was er für gut befunden hat?

Was das Gesetz Gottes verbietet, ist der Missbrauch dieser Dinge, nicht die Verwendung für die Zwecke, für die sie bestimmt sind. Der Pfad des täglichen Lebens bietet eine weitaus vernünftigere und effektivere Disziplin für die Instinkte, als die Einsiedler-Höhlen von Theben mit ihren asketischen Folterungen und Selbstverstümmelungen, die die Natur vergewaltigen und das Werk Gottes beleidigen.

Verängstigt durch die elementaren Kräfte, wenn er ungereinigt und unvorbereitet auf sie trifft, flieht der Asket vor dem, von dem er glaubt, versucht zu werden. Es ist weitaus besser, die kämpfenden Kräfte in unserer eigenen Natur ins Gleichgewicht zu bringen, bis wir fähig sind, mit unseren ungebändigten Instinkten umzugehen und sie dazu zu bringen, den Wagen der Seele mit der Kraft ihren unermüdlichen Kräften zu ziehen.

Für jeden von uns wird der Tag kommen, an dem wir vom Rad der Geburt und des Todes befreit werden und das Reich des Lichtes betreten und von dort nie wieder zurückkommen; wenn wir versuchen, diese Elemente und ihre Probleme beiseitezuschieben, bevor dieser Tag anbricht, bringen wir das Ruder auf den Kurs nach Hause, bevor wir die Markierungs-Boje umrundet haben; wir sind wie der Mann, der sein Talent in der Erde vergraben hat, weil er Angst davor hatte. Unser Herr wird uns nicht danken für unsere falsche Hingabe an ein unreifes Vorbild, sondern uns unnütze Diener nennen.

Der Schlüssel zur Lösung des ganzen Problems liegt, wie so viele andere, in der Lehre der Reinkarnation. Wenn wir glauben, dass die gesamte menschliche Verwirklichung in einem einzigen Leben vollbracht werden muss und dass wir an dessen Ende beurteilt werden, unterwerfen wir uns einem Idealismus, den wir noch nicht durch den Prozess eines natürlichen Wachstums erreicht haben. Die Befreiung aus dem Rad, die Aufgabe der Materie, göttliche Vereinigung, das wird für alle von uns im Laufe der Zeit kommen, denn das Ziel der Evolution ist es, uns dorthin zu bringen, aber diese Zeit ist noch nicht gekommen und wir sind sehr töricht, wenn wir zulassen, dass ein anderer, wie fortgeschritten er auch sein mag, für uns beurteilt, wo wir auf der Leiter der Evolution stehen und beurteilt, was unser nächster Schritt sein soll.

Lasst uns unseren Überzeugungen treu sein und unseren eigenen tieferen Eingebungen folgen. Wenn es unser Verlangen ist, Gott in seiner glorreichen Erscheinung zu verehren, lasst es uns von ganzem Herzen tun; darin liegt der Weg der Verwirklichung für uns. Dies bedeutet nicht, die Entfesselung der Triebe; der Tanz der Natur ist eine geordnete und rhythmische Bewegung, wir dürfen unseren Platz in diesem lebenden Muster nicht verlassen, sonst werden wir es zerstören. Wir müssen mit der Natur für die Natur arbeiten, wenn sie unsere Mutter sein soll. Das ist genug Disziplin für jede Seele.

Wenn wir auf der anderen Seite einen Impuls fühlen, uns auf den mystischen Pfad zu begeben, sollten wir uns ernsthaft fragen, ob wir diesem Pfad folgen, weil der Ruf Gottes in unserem Herzen so stark ist, oder weil wir das Leben so schwierig finden, dass wir den Problemen für immer entkommen wollen.

2. Einige praktische Anwendungen des Okkultismus

Als ich das erste Mal auf das Studium der Geheimwissenschaft stieß, war es äußerst verborgen und geheim. Die verschiedenen offenen Gesellschaften waren entweder rein exoterisch und elementar oder sie waren betrügerisch. Deshalb war es schwierig, eine authentische Lehre zu finden. Folglich war man, wenn man nicht übersinnlich war, vollständig von jedem Wissen ausgeschlossen.

Heutzutage ist es nicht mehr so und das Problem vieler Menschen ist, ob sie die okkulte Lehre wollen oder nicht. Wir sind so daran gewöhnt zu glauben, dass wir der Welt entsagen müssen, um praktische Kenntnisse des Okkultismus zu erlangen, und diesem Weg zu folgen, ist für die überwiegende Mehrheit der Menschen nicht praktikabel. Das bedeutete, dass eine sehr große Anzahl Menschen, denen diese Lehre eine große Hilfe wäre, vom Studium dieser Lehre ausgeschlossen war, was sehr schade ist.

Als ich ausgebildet wurde, war das eine anstrengende Angelegenheit. Je mehr Erfahrung ich habe, desto mehr glaube ich, dass die Arbeit eines Adepten eine Sache ist und die allgemeine Vermittlung der Lehre eine andere Sache. Die Kunststücke, die von einem erfahrenen Turner ausgeführt werden, übersteigen die Möglichkeiten eines gewöhnlichen Menschen; trotzdem können die gleichen Übungen, die ein Turner übt, den normalen Menschen stark und fit halten, wenn sie regelmäßig geübt werden, nur werden sie nicht mit der gleichen Intensität ausgeführt.

Ich denke, so ist es auch mit dem Okkultismus. Wenn Sie ein Adept sein und die strengen Übungen der Magie ausführen wollen, sind sie wie der Turner und das bedeutet ein sehr strenges Training.

Aber ich glaube, eine Aufgabe dieses Werkes wird die Verbreitung der Lehre sein, sodass sie für alle Leute erreichbar ist, die nicht alles hinter sich lassen können, deren Karma sie an das tägliche Leben fesselt.

Es ist interessant festzustellen, dass zu der Zeit, als das Wiederaufleben des Okkultismus im Westen begann, ungefähr 1875, drei Bewegungen gegründet wurden: der Okkultismus, die spiritualistische Bewegung und die christliche Wissenschaft, mit der Neugeist-Bewegung als Nachfolger.

Dies sind drei verschiedene Richtungen, die sich mit okkulten Kräften beschäftigen. Der Okkultist stützt seine Arbeit auf Tradition und verwendet in der Regel Zeremonien. Der Spiritist versucht das Gleiche zu erreichen, hat aber keine Tradition und stützt seine Arbeit auf Erfahrungen; der christliche Wissenschaftler hat keine Tradition und keine Erfahrung und stützt seine Arbeit auf die Hypothese der Kräfte des Geistes. Spiritualismus und christliche Wissenschaft sind praktische Methoden. Wenn man die heilende Bewegung der christlichen Wissenschaft studiert, sieht man, dass sie sehr gute Methoden hat, aber die Praktizierenden können sie selten erklären. Der Okkultismus ist die wissenschaftliche Grundlage all dieser Bewegungen und kann die Phänomene dieser verschiedenen Arten der Erfahrungen und Übungen erklären; darin liegt sein Wert. Die christliche Wissenschaft und die Neugeist-Bewegung liefern wertvolle Ergebnisse, aber sie geben keine Erklärungen, die ein rationaler Mensch akzeptieren könnte und trotzdem haben sie Resultate.

Daher ist es wichtig, diese Grundlage zu finden und die wertvollen Resultate nicht zu verlieren.

Ich behaupte, dass wir in den esoterischen Lehren eine Erklärung für so vieles im Leben bekommen, dass es eine

Bereicherung für jeden wäre, wenn er sie bekommen würde. Das Leben wäre ganz anders, wenn wir einen Schlüssel für seine Bedeutung hätten. Ohne diesen sind wir wie Blätter, die vom Wind getrieben werden, wir wissen nicht, wo wir sind oder wohin wir gehen; wir sind blind und wandern, so gut wir können, wir tasten uns voran, ohne Garantie, nicht in einen Abgrund zu fallen.

Aber wenn wir die esoterischen Lehren annehmen, sehen wir uns als Teil des großen Ganzen.

Wir erkennen unseren Platz in der Natur, wir sehen, woher wir gekommen sind und wohin wir gehen und wir erkennen unsere Beziehung zum Kosmos und die Gesamtheit des Lebens erschließt sich uns.

Das ist es, was die esoterische Wissenschaft bieten kann – eine sehr umfassende, tiefe und praktische Anwendung des Okkultismus. Meine Erfahrung mit vielen esoterischen Wissenschaftlern ist folgende – sie machen eine Art intellektueller Studie darüber, aber sie wenden ihn nicht auf praktische Probleme an. Sie sind mehr oder weniger mit Forschungsarbeit beschäftigt, mit dem Studium von Symbolen, der Kabbala, usw., aber diese Studien finden keine praktische Anwendung im Leben für sie, ausgenommen als Mittel für die Wahrsagerei.

Außerdem sind diese Weissagungen im Allgemeinen nicht richtig und neigen dazu, die Leute in Bezug auf ihr Leben zu demoralisieren.

Wenn einer Person in Kürze etwas Gutes oder Schlechtes wiederfahren wird, was nützt es, es ihr zu sagen?

Aber sie können die Erklärung der Dinge in einer Interpretation des Lebens finden. Wenn wir die esoterischen Lehren der Evolution studieren, eröffnet sich uns eine großartige Sicht. Und natürlich gehört der Glaube an die Reinkarnation zum Okkultismus, wie auch die Gedankenübertragung; hier haben wir, glaube ich, eine der erleuchtendsten Lehren, die möglicherweise die

Probleme des Lebens erklären können. Was kann ein menschliches Wesen in einem Leben tun, um entweder den Himmel oder die Hölle für immer zu verdienen?

Sicherlich ist die Lehre der Wiedergeburt vernünftiger – die Idee, das Leben zu verlassen und wieder zurückzukehren und diesen Zyklus zu wiederholen, um mehr Erfahrungen zu sammeln.

Es ist meiner Meinung nach ein wunderbares Konzept der Existenz – dass sich hinter uns eine lange Kette von Inkarnationen erstreckt. Wir erinnern uns nicht an sie, weil die Kette der Erinnerung unterbrochen ist, aber sie sind da, und der göttliche Funke ist der Kern eines jeden von uns, um den herum die Erfahrung eine Gesamtheit gebildet hat; das bestimmt das Temperament und die Fähigkeiten eines jeden von uns.

Dieses Konzept eröffnet uns eine sehr tiefe Philosophie des Lebens.

Wenn das Leben nur durch den blinden Zufall regiert würde, wären wir unglücklich und erbärmlich. Aber wenn wir verstehen, dass die Grundzüge der spirituellen Erfahrungen, die das Leben uns bringt, von unserer eigenen Seele vorherbestimmt sind, beginnen wir zu verstehen, was wir tun sollen.

Dann stellt sich eine andere Frage – die große esoterische Lehre der unsichtbaren Ebenen der Existenz. Diese Lehren sagen uns, dass das, was wir durch die fünf Sinne sehen oder erfahren, nicht die gesamte Existenz ausmacht. Dies kann die exoterische Wissenschaft mithilfe von Mikroskopen, usw., bestätigen.

Aber der Okkultist geht noch weiter und sagt, dass es auch ein ganzes Königreich des Verstandes und des Geistes gibt, das wir nicht mit unseren körperlichen Sinnen sehen können. In ihm existieren die großen Kräfte, die das Leben und seine Umstände in Gang bringen. In ihm werden Sie den Schlüssel für die Bedingungen des Lebens auf der physischen Ebene finden und Sie werden ihn nirgendwo anders finden.

Leute wie Coue manipulieren diese unsichtbaren Kräften erfolgreich. Wenn wir diese Bedingungen verstehen, werden wir frei sein und wir werden in der Lage sein, mit diesen Kräften zu arbeiten und sie selbst zu manipulieren. Aber wir können sie nur innerhalb bestimmter Grenzen manipulieren. Die christliche Wissenschaft setzt keine Grenzen; aber wenn wir die Resultate betrachten, die sie erzielen, sehen wir, dass es doch Grenzen gibt. Es gibt bestimmte Dinge, bei denen es nicht klug ist, sich einzumischen. Der Okkultist versucht nicht, die Natur zu beherrschen, sondern sich selbst in Einklang mit diesen großen kosmischen Kräften zu bringen und mit ihnen zu arbeiten.

Sie können ein Beispiel dafür sehen, wenn Sie Binnenschiffer auf der Themse beobachten, die bei Ebbe ablegen; sie nutzen ihr Wissen über die Gezeiten, und der Fluss erledigt den Rest. Wir sollten in unserem Leben, mit dem gleichen Wissen und der gleichen Weisheit handeln. Wir sollten diese Naturgesetze des Unsichtbaren verstehen.

Es sind Naturgesetze, und es ist nichts Gespenstisches daran. Wir können viel ändern in unserem Leben, wenn wir sie verstehen. Natürlich gibt es bestimmte Bedingungen, die wir akzeptieren müssen, das sind die Früchte des Karmas; aber ich möchte nicht, dass Sie das Karma auf die grobe Art und Weise verstehen, wie es manchmal dargestellt wird. Es ist nicht eine Frage von „Auge um Auge, Zahn um Zahn“ – dass, wenn Sie einer Person das Leben nehmen, diese Person es Ihnen im nächsten Leben nehmen wird.

So einfach ist das nicht. Es bedeutet, dass Sie etwas in Ihrer Natur verstehen und ändern müssen, damit Sie in Harmonie sind. Solange dieser bestimmte Faktor in Ihrer Natur ist, wird er ähnliche Arten von Schwierigkeiten in Ihrem Leben verursachen.

Für absichtlich begangene Fehler, vorsätzliches Fehlverhalten, bezahlt man in der Regel in zukünftigen Leben; sie werden vielleicht in diesem Leben damit davonkommen – wir haben alle gesehen, dass die Gottlosen gedeihen wie ein grüner Lorbeerbaum – aber diese Taten haben Folgen, sie werden auf unser Konto gutgeschrieben und früher oder später müssen wir bezahlen.

Aber bezahlt wird immer in spirituellen Werten. Sie lernen, dass Sie bestimmte Veränderungen vornehmen müssen und wenn Sie dies getan haben, verschwindet der Druck und Sie sind frei.

So gewinnen wir nach und nach an Charakter und Gleichgewicht. Wir gewinnen unsere Freiheit, indem wir die Lektionen lernen, die das Leben uns aufzwingt; und wenn wir uns weigern, werden sie immer drastischer. Wenn Menschen an einem bestimmten Grad der Entwicklung angekommen sind, sind sie sensibler und haben mehr spirituelle Kraft und so sind ihre Probleme noch akuter.

Die Seele kann sich entschieden haben, schnell voranzugehen und alles bestehende Karma auf einmal abzuzahlen. Diese Seele scheint immer Probleme zu haben und durch eine Inkarnation voller Schwierigkeiten wird die Seele gereinigt und die nächste Inkarnation wird dann frei von diesen Problemen sein.

Eine einzige Inkarnation liefert uns keine Lösung, sondern hinterlässt ein Gefühl der Ungerechtigkeit; aber wenn wir alle unsere vergangene Leben betrachten, eröffnet sich uns eine andere Sicht.

Wir sollten die Dinge immer im Zusammenhang von drei Leben sehen. Und wir können unsere Ziele auch in drei Leben erreichen. Wir schaffen die Voraussetzungen für unser nächstes Leben jetzt, jedoch müssen wir in der Gegenwart das Gesamte oder einen Teil des Karmas aus unserem letzten Leben tragen.

Manche Leute sagen: „Ein Leben ist anstrengend genug.“ Aber es gibt noch eine andere Möglichkeit, es zu betrachten.

Wenn wir unsere Schwierigkeiten in Bezug auf die Äonen all unserer Leben betrachten, ergibt sich ein anderes Verhältnis.

Die Seele erfährt ein großes Gefühl von Freiheit, wenn sie sich darüber klar wird, dass das „Ich" weiter besteht und dass diese Inkarnation nur ein Ereignis in ihrer Laufbahn ist. Wir können niemandem diese Freiheit geben, indem wir die logischen Gründe erklären; nur eine plötzliche Erkenntnis, dass es vorher etwas gab, verursacht eine große Veränderung in den Werten des Lebens.

Noch einmal, wenn wir unsere Lebensprobleme untersuchen, entdecken wir vielleicht, dass sie da sind, weil wir die Probleme schnell lösen wollen und uns zu schnell entwickeln wollen. Wir sagen: „Es sind die materiellen Umstände, die uns quälen, also waren sie nötig und wir müssen die Lektion lernen, die sie für uns bereitstellen!"

Wir versuchen, die spirituelle Bedeutung dieser Erfahrungen zu interpretieren. Wir sollten unsere Seele entwickeln, indem wir über sie meditieren. Wenn die Seele diese Eigenschaft erworben hat oder die Lektion gelernt hat, die sie lernen musste, dann ist die karmische Schuld behoben. Auch wenn die Menschen diese materiellen Umstände in Angriff nehmen, ändern diese sich nicht, bis sie sich davon befreit haben. Wir denken, wir wären glücklich, wenn sich nur bestimmte Dinge ändern würden; aber nein, die Bedingungen sind in uns selbst und es würden immer wieder ähnliche Umstände auftreten.

Als ich in einer Nervenklinik arbeitete, sah ich, dass das immer wieder geschah. Die gleichen Probleme kehren immer wieder im Leben einer Person.

Es gab eine Frau, die drei oder vier Mal in ihrem Leben von Landstreichern angegriffen wurde. Das passiert normalerweise nicht jedem. Oder es gab eine Frau, die ständig unter der Tyrannei eines Mannes lebte und grausam behandelt wurde, zuerst war es der Vater, dann der Ehemann und dann war es in ihrer Arbeit.

Wir sehen, dass bestimmte Arten von Schwierigkeiten im Leben eines Menschen immer wiederkehren. Es muss etwas geben, das die wiederkehrende Erfahrung hervorruft. Wenn die meisten von uns zurückblicken auf unser eigenes Leben, können wir das bis zu einen bestimmten Grad erkennen. Es muss einen wichtigen Faktor in uns selbst geben, der diese unsichtbaren Kräfte anzieht.

Der einzige Weg, damit umzugehen, ist Ihren Charakter durch Meditation zu ändern, ist die Erzeugung von Gedankenformen oder die absichtliche Zerstörung dessen, was wir Gedankenformen nennen; das sind die Kanäle, durch die unerwünschte Dinge zu Ihnen gelangen. Dies sind die praktischen Anwendungen des Okkultismus, und wir müssen nicht Adepten sein, um diese anzuwenden.

Auf die eine oder andere Weise erzeugen wir ständig Gedankenformen. Unsere Gedanken beeinflussen uns nicht nur, sie bilden Kanäle und ziehen die entsprechenden Kräfte aus dem Kosmos selbst an. Wenn Sie sich mit Hassgedanken umgeben, werden Sie eine Art von kosmischem Hass anziehen. Der Okkultist hat ein System, diese Kräfte einzuordnen, mit denen er arbeitet. Wir haben ein solches System im kabbalistischen Baum des Lebens und die Überzeugungen, die ihm zugrunde liegen, können sehr wertvoll im Leben sein; sie lehren die enormen Kräfte des Verstandes und die engen Grenzen, innerhalb derer sie funktionieren und dass wir soviel damit erreichen können. Diese Lehren sollten das Denken leichter machen.

Die theosophische Gesellschaft hat diesbezüglich große Arbeit geleistet, aber sie war nur für die Unorthodoxen und Rebellen attraktiv. Dies ist ein großer Verlust, denn diese Lehre sollte und kann in einer Weise dargestellt werden, in der sie den geschulten Verstand nicht abschreckt, der in der reinen Wissenschaft unverzichtbar ist.

Die moderne Physik nähert sich den okkulten Lehren immer mehr. Die Dinge, die Frau Blavatsky sagte und für die sie ausgelacht wurde, sind jetzt Themen der reinen Physik. Es gibt viele Anwendungen für diese Dinge, die wichtig sind.

Sie sollten in der Soziologie angewendet werden, in der Verwaltung der Gefängnisse und psychiatrischen Anstalten, wo die Gedankenformen die Menschen immer wieder infizieren, wenn wir sie nicht neutralisieren. Wir können uns ihre praktische Anwendung in der Medizin vorstellen, deren einziger wahrer Schlüssel sie ist. Wenn wir den Menschen nur als Körper betrachten, ist das sehr unbefriedigend. Auch die orthodoxe Sichtweise, wo der Mensch nur als Geist betrachtet wird, wird ihm nicht gerecht.

Die Selbstvergiftung und die Sünde sind zwei verschiedene Dinge. Der Mensch ist ein vierfaches Wesen und man muss ihn als solches behandeln. Man muss erkennen, auf welcher Ebene das Problem seinen Ursprung hat. Die Lebenskräfte der spirituellen Ebene sind die wahren Schlüssel für das ganze Problem, und diese Lebenskräfte werden durch den Verstand und das Verständnis übersetzt und zu den unteren Ebenen gebracht.

Dies sind einige der esoterischen Lehren, durch die jeder profitieren kann. Ich denke, die Notwendigkeit der okkulten Geheimhaltung gehört im Allgemeinen der Vergangenheit an, aber in mancher Hinsicht ist sie noch notwendig.

Teilweise, weil ein Gruppengeist für einige Formen des praktischen Okkultismus notwendig ist, und die muss bewahrt werden und darf nicht zerstreut werden, wie es geschieht, wenn etwas zu allgemeinem Wissen oder Allgemeingut wird; und auch um Personen vor Vorurteilen zu schützen. Madame David-Neel sagte in ihren Büchern über Tibet, dass es dort keine Geheimhaltung bezüglich der Lehre der Lamas und der inneren Weisheit gibt.

Die Dinge, die geheim gehalten werden, sind die praktischen Methoden der Ausbildung ihrer Schüler. Sie hat in ihren Büchern viele Lehren vermittelt, die wichtige Schlüssel zum Verständnis vieler okkulter Lehren sind. Es gibt keine Geheimnisse bezüglich der Lehren, sondern nur bezüglich der praktischen Methoden, mit denen die Menschen Schaden anrichten könnten. Wir sehen also, dass die praktische Arbeit des Okkultismus nur von einem geschulten Verstand angewendet werden kann und ein hohes Maß an Ausbildung erfordert; aber die Prinzipien können sehr wertvoll sein und je mehr diese bekannt gemacht werden, desto besser.

3. Der Gruppengeist

Der Begriff Gruppengeist wird manchmal leichthin unter Okkultisten verwendet, als ob er austauschbar mit Gruppenseele wäre. Die beiden Begriffe sind jedoch völlig verschieden.

Die Gruppenseele ist das Rohmaterial des Verstandes, aus dem das individuelle Bewusstsein durch Erfahrung differenziert wird; der Gruppengeist setzt sich aus den Beiträgen des Bewusstseins von vielen Individuen zusammen, die sich auf die gleiche Idee konzentrieren.

Betrachten wir ein konkretes Beispiel, um es zu verstehen.

Auf dem Höhepunkt seiner Popularität besuchte Marschall Joffre England und wurde mit großem Beifall empfangen. Als er von seinem Hotel zum Mansion House fuhr, wo er vom Oberbürgermeister empfangen wurde, kam er mit seinem Auto durch viele Straßen. Einige Menschen erkannten ihn und starrten ihn an, aber es gab keine Beifallsbekundungen.

Aber als er zur überfüllten Kreuzung beim Mansion House kam, hielten Polizisten den Verkehr an und salutieren; die Menschenmenge sah, dass etwas im Gange war; er wurde erkannt, sein Name ging von Mund zu Mund und kurz darauf entstand eine Welle der Begeisterung. Zurückhaltende, ruhige Menschen wurden von der Welle der Begeisterung mitgerissen und schrien und schwenkten ihre Hüte wie Verrückte.

Beachten Sie den Unterschied zwischen dem Verhalten der Zuschauer, wenn sie als Menge handeln und dem Verhalten der einzelnen, wenn auch zahlreichen Individuen, die ihn nur mit Interesse betrachteten, aber keine Emotionen zeigten.

Dieses Ereignis erinnert an einen anderen Vorfall vor dem Mansion House, der die Psychologie der Menge und den Gruppengeist sehr gut darstellt. Vor vielen Jahren besuchte Abdul Hamed, der verabscheute Sultan der Türkei, England. Auch er wurde vom Oberbürgermeister empfangen und fuhr zum Mansion House. Genau dieselben Szenen wiederholten sich, jedoch mit anderem emotionalen Inhalt.

Er fuhr sicher durch die überfüllten Straßen, Menschen starrten den berüchtigten Besucher mit offenem Mund an, aber es gab keine Gefühlsäußerungen; aber als der Verkehr für ihn an der Kreuzung beim Mansion House angehalten wurde, erkannte die Menge ihn; aus den Kehlen von ruhigen, nüchternen Menschen im mittleren Alter kamen Beschimpfungen, wie das Geheul eines Wolfsrudels, die Menge drängte gemeinsam voran und nur mit größten Schwierigkeiten konnte er davor bewahrt werden, aus dem Auto gezogen zu werden.

Welche dieser Bewohner der Stadt, langweilige Angestellte, die zufrieden mit ihrer Schreibtischarbeit waren, würden den alten und würdigen Abdul Hamed einzeln angreifen? Doch als sie von der Welle der Emotionen einer Gruppe überwältigt wurden, waren sie bereit zu einem brutalen Angriff, wie eine Menge zähnefletschender Bestien.

Für einen Augenblick ergriff so etwas wie ein Wesen Besitz von all den Seelen; ein riesiges Etwas, dessen Beschaffenheit nicht die Summe der individuellen Seelen war, sondern gewaltiger, stärker, wilder und lebendig und sich seiner Impulse bewusst.

Doch in normalen Zeiten geht jedes Individuum der Menschenmassen an der Kreuzung des Mansion House seines Weges, in seine eigenen Gedanken versunken, gleichgültig, blind gegenüber seinen Nachbarn. Was war es, das diese Masse von dahineilenden gleichgültigen Einheiten zu einer einzigen Gruppe vereinte, überwältigt von der Begeisterung für ein Ideal oder zu einem Organismus, der zu gefährlicher Gewalt fähig ist?

Der Schlüssel für die gesamte Situation liegt in der gerichteten Aufmerksamkeit einer Reihe von Menschen auf ein gemeinsames Objekt, dem gegenüber sie alle das gleiche starke Gefühl haben. Die Ausrichtung der Aufmerksamkeit auf ein gemeinsames Objekt ohne Emotionen hat nicht die gleiche Wirkung. Die Leuchtreklame am Piccadilly Circus verursacht nicht die gleiche Bildung eines Gruppengeistes, obwohl die Massen davorstehen und sie beobachten.

Mithilfe dieser Daten betrachten wir nun das Problem in seinen okkulten Anwendungen.

Was ist diese seltsame „Überseele“, die sich so schnell bildet und verteilt, wenn eine Anzahl von Menschen an einem Ort gleicher Meinung sind? Für eine Erklärung müssen wir die Theorie der künstlichen Elementale berücksichtigen.

Ein künstliches Elemental ist eine Gedankenform, die von einer Elemental-Essenz beseelt ist. Diese Essenz kann direkt aus den Elementarreichen gezogen werden oder sie kann aus der Aura des Magiers stammen. Eine Gedankenform, die durch kontinuierliche Visualisierung und Konzentration geschaffen wurde und für die man ein starkes Gefühl empfindet, wird mit diesem Gefühl „aufgeladen“ und ist in der Lage eine unabhängige Existenz außerhalb des Bewusstseins seines Schöpfers zu führen. Dies ist ein sehr wichtiger Faktor im praktischen Okkultismus und die Erklärung für viele Phänomene.

Genau der gleiche Vorgang, der zur Bildung eines künstlichen Elementals durch einen Magier führt, findet statt, wenn eine Anzahl von Menschen sich mit Emotionen auf ein einzelnes Objekt konzentrieren. Sie erschaffen ein künstliches Elemental, das der Größe und Stärke der Menschenmenge und der Intensität ihrer Gefühle entspricht. Dieses Elemental besitzt eine eigene mentale Atmosphäre und diese Atmosphäre beeinflusst sehr stark die Gefühle jeder Person, die an der Emotion der Menge teilhat.

Es beeinflusst sie telepathisch, indem es in ihren Ohren die Note ihres eigenen Wesens erklingen lässt und so genau die emotionalen Schwingungen verstärkt, durch es ursprünglich erschaffen wurde; es gibt eine Aktion und eine Reaktion, eine gegenseitige Verstärkung und Anregung zwischen dem Elemental und seinem Schöpfer.

Je mehr sich die Masse auf das Objekt der Emotion konzentriert, desto größer wird das Elemental; je größer es wird, desto stärker wird der Einfluss auf die Individuen, die die Masse bilden, die es geschaffen hat; und deren Gefühle werden verstärkt, wenn sie diesen Einfluss empfangen.

Das versetzt einen Mob in die Lage, leidenschaftliche Taten auszuüben, vor denen jedes einzelne Mitglied entsetzt zurückschrecken würde.

Ein Elemental, das von einem Mob geschaffen wurde, löst sich genau so schnell auf, wie es sich bildet, weil ein Mob keine kontinuierliche Existenz hat; in dem Augenblick, in dem der Anreiz einer gemeinsamen Emotion verschwindet, hört der Mob auf, eine Einheit zu sein und kehrt zur Heterogenität zurück. Darum sind undisziplinierten Armeen, auch wenn sie enthusiastisch sind, unzuverlässige „Kampfmaschinen"; ihre Begeisterung verflüchtigt sich, wenn sie nicht ständig stimuliert wird; sie löst sich in ihre Bestandteile auf, die aus den verschiedenen Interessen vieler Individuen besteht, die alle vom Instinkt der Selbsterhaltung angetrieben werden.

Um einen Gruppengeist zu erschaffen, der länger bestehen bleibt, ist eine Methode notwendig, die ständige kontinuierliche Aufmerksamkeit und Gefühle gewährleistet.

Immer wenn eine solche Kontinuität der Aufmerksamkeit und der Gefühle erzeugt wurde, bildet sich ein Gruppengeist oder Gruppen-Elemental, das im Laufe der Zeit eine eigene Individualität entwickelt und aufhört, von der Aufmerksamkeit und

Emotion der Menschenmenge abhängig zu sein, die es erschaffen hat. Sobald dies der Fall ist, hat die Menge nicht mehr die Macht, ihre Aufmerksamkeit zurückzuziehen oder sich zu zerstreuen; das Gruppen-Elemental hat sie im Griff. Die Aufmerksamkeit jedes einzelnen Individuums wird von ihm angezogen und gegen seinen Willen festgehalten; die Gefühle werden in ihm hervorgerufen, auch wenn er sie nicht fühlen will.

Jeder Neuling in der Gruppe kommt in diese mächtige Atmosphäre und akzeptiert sie entweder und wird in die Gruppe aufgenommen oder er lehnt sie ab und wird selbst abgelehnt. Keinem Mitglied einer Gruppe mit einer mächtigen Atmosphäre, einem mächtigen Gruppengeist oder Elemental (welchen Begriff wir auch immer bevorzugen), steht es frei, unvoreingenommen über die Objekte der Konzentration und Emotion der Gruppe zu denken oder zu fühlen. Das ist der Grund, warum Reformen so schwer zu bewerkstelligen sind.

Je größer die Organisation, die reformiert werden soll, desto schwieriger ist es, sie zu ändern und um so stärker muss die Persönlichkeit sein, die diese Aufgabe zu lösen versucht. Aber wenn diese starke Persönlichkeit damit begonnen hat, eine Wirkung zu erzeugen, wird sie schnell feststellen, dass sich eine Gruppe unter ihre Führung sammelt und dass das wiederum ein Elemental erschafft und der Impuls, den er erschaffen hat, beginnt ihn mitzureißen.

Wenn er in seiner Führung nachlässt, zwingt ihn die Bewegung, die er erschaffen hat, voran. Ein einzelnes Individuum kann sich abwenden und in Momenten des Zweifels und der Entmutigung innehalten; nicht so der Leiter einer stark emotionalisierten Gruppe; sobald er sein Tempo verringert, fühlt er den Druck des Gruppengeistes hinter sich und dieser schiebt ihn in Stunden der Schwäche und Dunkelheit voran. Dieser kann ihn auch, wenn sein Plan schlecht durchdacht ist, wegschieben und ihn an den Felsen einer verfehlten Politik zerschmettern, einer

Politik, deren Fehler er erkannt hätte, wenn er die Sache rational betrachtet hätte.

Aber es gibt keine Möglichkeit die Dynamik einer Bewegung anzuhalten, die gemäß der Evolution voranschreitet. Der Gruppengeist der Teilnehmer bildet einen Kanal für die Manifestation der Kräfte der Evolution und die Dynamik, die sich entwickelt, ist unaufhaltsam.

Aber wie mächtig die Persönlichkeit auch ist, wie groß die Ressourcen, wie beliebt die Schlagworte auch sind, wenn die Bewegung sich gegen das kosmische Gesetz stellt, ist es nur eine Frage der Zeit, bis die ganze Gruppe den Abhang hinunter ins Meer stürzt. Denn in einem solchen Fall ist es die Dynamik selbst, die die Ursache ihrer Zerstörung ist.

Wenn man einer falschen Bewegung genug Seil gibt, wird sie sich selbst aufhängen, sie wird durch ihr eigenes Gewicht fallen, das sie so kopflastig gemacht hat, dass sie das Gleichgewicht verliert.

Dieser Gruppengeist ist ein überaus wichtiger Schlüssel zum Verständnis der menschlichen Probleme und erläutert die Irrationalität der Menschen, die sich in Massen versammeln. Es gibt einige sehr interessante Bücher über dieses Thema, vor allem „Die Bedeutung des Herdentriebs in der Zivilgesellschaft: Herdeninstinkte im Frieden und im Krieg“ von Wilfred Trotter und „The Group Mind“ von William McDougal. Die Lektüre dieser Bücher wird Licht auf viele Probleme des täglichen Lebens und der menschlichen Natur werfen.

Der Okkultist sieht den Rahmen der praktischen Anwendung der Lehre des Gruppengeistes viel weiter als der Psychologe. Er findet darin den Schlüssel zur Macht der Mysterien. Mit dem Verständnis der Psychologie der Massen wird deutlich, dass die Methode der Mysterien und der geheimen Bruderschaften aller Zeiten auf praktischen Erfahrungen basiert.

Was könnte besser für die Bildung eines mächtigen Gruppengeistes sein, als die Geheimhaltung, die speziellen Trachten, die Prozessionen und Gesänge eines okkulten Rituals? Alles, was eine Reihe von Personen von der Masse unterscheidet und sie hervorhebt, bildet automatisch einen Gruppengeist.

Je mehr eine Gruppe isoliert ist, desto größer ist der Unterschied zwischen ihr und dem Rest der Menschheit und desto stärker ist der so erzeugte Gruppengeist. Betrachten wir die Stärke des Gruppengeistes der jüdischen Rasse, die sich durch ihre Rituale, Traditionen, durch ihr Temperament und die Verfolgung abgrenzt. Nichts stärkt einen Gruppengeist mehr, als die Verfolgung.

In der Tat ist das Blut der Märtyrer der Samen der Kirche, denn es ist der Zement des Gruppengeistes.

Aus diesem Grund wird die Geheimhaltung der Mysterien nie vollkommen aufgehoben werden. Wenn auch viel offen gelegt wird, so muss immer etwas zurückgehalten und geheim gehalten werden, weil das, was nicht mit anderen geteilt wird und im Fokus der Aufmerksamkeit der Gruppe steht, der Kern des Gruppengeistes ist, der Mittelpunkt ihrer Aufmerksamkeit; das ist für den Gruppengeist das, was ein Sandkorn für die Perle ist, die sich in einer Muschel bildet.

Wenn es kein Sandkorn gäbe, gäbe es keine Perle. Wenn man das, was den Eingeweihten vom Rest der Menschen unterscheidet, entfernen würde, würde der Gruppengeist, an dem er teilhat, zerfallen.

Die Macht der physisch durchgeführten Zeremonien beruht nicht nur auf der Anrufung des Wesens, sondern auch auf der Anregung der Fantasie der Teilnehmer. Ein Adept, der allein arbeitet, wird ein Ritual in Bewusstseinsbildern auf der Astralebene durchführen, ohne sich aus seiner Meditationshaltung zu bewegen und dieses Ritual wird für die Zwecke der Anrufung wirken. Aber wenn er eine Atmosphäre erzeugen will, in der die Entwicklung seiner Schüler voranschreitet, oder wenn er sein eigenes Bewusstsein über die normalen Begrenzungen erheben will, seine eigene Willenskraft und Vorstellungskraft erhöhen will, wird er die Macht eines Gruppengeistes nutzen, der durch ein Ritual erzeugt wird.

Dieser Gruppengeist oder Elemental des Rituals wirkt auf die Teilnehmer der Zeremonie auf die gleiche Weise wie die Mob-Gefühle auf die friedlichen Stadtbewohner gewirkt haben, als sie Marschall Joffre sahen. Sie werden über sich hinaus gehoben; sie sind für einen Augenblick mehr als Menschen, denn ein Gruppen-Elemental, das durch entsprechende Emotionen gebildet wird, ist fähig, das Bewusstsein auf das Niveau der Engel zu erheben oder es auf das Niveau der Bestien hinabzustürzen.

Wenn unsere Emotionen sich stark auf ein Objekt richten, senden wir eine subtile aber dennoch mächtige Form von Energie aus.

Und wenn diese Emotion nicht nur ein blindes Aussenden ist, sondern sich selbst in die Idee verwandelt, etwas zu tun und vor allem, wenn diese Idee ein starkes mentales Bild im Verstand erzeugt, verwandelt sich die ausgesendete Energie in eine Gedankenform; das mentale Bild wird von der ausgesendeten Energie beseelt und wird in der Astralebene zur Wirklichkeit.

Diese Gedankenform selbst beginnt nun Schwingungen auszusenden und diese Vibrationen neigen durch das Gesetz der sympathischen Induktion von Vibrationen dazu, die Gefühle der Person, deren Emotion sie erschaffen haben, zu verstärken und ähnliche Gefühle in anderen Anwesenden zu erzeugen, deren Aufmerksamkeit auf dasselbe Objekt gerichtet ist, auch wenn sie bis dahin nur desinteressierte Zuschauer waren.

Man wird feststellen, dass die Theorie des Gruppengeistes nun mit der Lehre der Autosuggestion verknüpft wird, wie

Baudouin es ausdrückt, und diese beiden etablierten psychologischen Konzepte werden durch Assoziation mit dem esoterischen Konzept der Telepathie erweitert. Wenn wir diese drei Faktoren zusammennehmen, haben wir den Schlüssel – nicht nur für das Phänomen der Psychologie eines Mobs, sondern auch für die wenig verstandene Macht des Rituals, insbesondere des Rituals, wie es in einer okkulten Loge durchgeführt wird.

Studieren wir, was geschieht, wenn ein solches Ritual durchgeführt wird. Alle Anwesenden richten Aufmerksamkeit auf die Dramaturgie der Zeremonie. Jedes Objekt im Bereich ihrer Sicht ist ein Symbol für die Idee, die in der Zeremonie ausgedrückt wird. Kein Umstand, der die Konzentration und die Gefühle erhöhen kann, wird vernachlässigt. Folglich wird eine hochkonzentrierte und hochenergetisierte Gruppe geschaffen.

Wie wir bereits gesehen haben, wird, wenn man mit Emotionen an ein Objekt denkt, Energie ausgesendet. Wenn eine Reihe von Menschen mit Emotionen an das gleiche Objekt denkt, mit konzentrierter Aufmerksamkeit und mit Gefühlen, die durch das Ritual der Zeremonie erhoben werden, senden sie kein unerhebliches Maß an subtiler Energie an ein gemeinsames Reservoir.

Diese Kraft ist es, die die Grundlage der Manifestation der Macht bildet, die angerufen wird.

In Religionen, in denen die Götter oder die Heiligen bildlich dargestellt werden, sind die Gläubigen daran gewöhnt, sie sich so vorzustellen, wie sie dargestellt werden; ob es der falkenköpfige Horus oder die Jungfrau Maria ist. Wenn eine Anzahl von frommen Gläubigen versammelt sind und ihre Emotionen konzentriert und durch das Ritual erhoben sind, und alle das gleiche Bild in ihrer Vorstellung haben, wird durch die ausgesendete Energie aller Anwesenden ein astrales Simulacrum des Wesens gebildet, das intensiv angebetet wird; und wenn das

Wesen die symbolische Darstellung einer natürlichen Kraft ist, was im Grunde genommen alle Götter sind, findet diese Kraft durch die so aufgebaute Form einen Kanal der Manifestation; das mentale Bild, das in jedem einzelnen Teilnehmer der Zeremonie existiert, wird ihnen plötzlich als etwas Lebendiges und Objektives erscheinen und sie werden das Einströmen der Kraft fühlen, die sie angerufen haben.

Wenn dieser Prozess regelmäßig über längere Zeiträume wiederholt wird, werden die Bilder, die aufgebaut wurden, in der Astralwelt bleiben, auf die gleiche Weise, wie eine Gewohnheit sich im Verstand bildet, indem die gleiche Handlung wiederholt wird.

Auf diese Weise bleibt die natürliche Kraft dauerhaft konzentriert. Folglich benötigen die nachfolgenden Gläubigen keine große Mühe, um das Simulacrum aufzubauen; sie müssen nur an den Gott denken und sie fühlen seine Macht. Auf diese Weise wurden alle anthropomorphen Darstellungen der Gottheit aufgebaut. Wenn wir für einen Augenblick nachdenken, verstehen wir, dass der Heilige Geist weder eine Flamme noch eine Taube ist; und auch der mütterliche Aspekt der Natur ist weder Isis noch Ceres oder die Jungfrau Maria. Das sind die Formen, die der menschliche Verstand verwendet, um diese Dinge zu begreifen; je weniger entwickelt der Verstand ist, desto gröber ist die Form.

Diejenigen, die Kenntnis von diesem wenig verstandenen Aspekt des menschlichen Verstandes haben – ob ägyptische Priester, eleusinische Hierophanten oder moderne Okkultisten – nutzen ihre Kenntnisse dieser seltenen Art der Psychologie, um Bedingungen zu erschaffen, in denen der individuelle menschliche Verstand fähig ist, sich selbst zu transzendieren und seine Grenzen zu durchbrechen, um höhere Sphären zu erreichen.

4. Die Psychologie des Rituals

Die Menschen der Reformation, die das anglikanische Ritual entwickelt haben, haben die psychologische Bedeutung der römisch-katholischen Zeremonien nicht verstanden. In ihrer Degeneration sahen sie darin einen leeren Kanal und zerstörten ihn, weil er ausgetrocknet war.

Unsere Generation sollte klüger sein und anstatt den Kanal zu zerstören, sollten wir ihn mit der Quelle verbinden.

Es gibt eine spirituelle Realität jenseits der organisierten Religion, und es ist nur diese Realität, die ihr einen Wert verleiht. Es ist nicht ihre Bestimmung, eine Disziplin zu sein, um die Seele zu unterweisen, auch nicht ein Mittel zu sein, um Gott zu gefallen, sondern sie wurde konzipiert, um dem Licht des Geistes die Möglichkeit zu geben, zum Zentrum unseres Bewusstseins zu werden.

Wenn wir die Psychologie des Rituals verstehen, werden wir weder in der Knechtschaft des Aberglaubens noch in der Rebellion gegen leere Formen gefesselt sein. Wir werden erkennen, dass eine Form nur der Kanal für eine Kraft ist, aber es ist nicht nur die materielle Substanz, die in einem Sakrament benutzt wird, die den physischen Kanal für eine Kraft bildet, sondern auch das lebendige Bild, das in den Köpfen der Gläubigen durch die Rituale geschaffen wurde.

Wir müssen auf die Macht hinter dem Symbol blicken, wenn wir nach dem Wahrheitsgehalt der Formen der Kirche suchen.

Das äußere und sichtbare Zeichen, sei es ein Kelch oder ein Kreuz, ist nur der Punkt der Aufmerksamkeit, die dem Gläubigen ermöglicht, in übersinnlichen Kontakt mit der spirituellen Kraft zu kommen, die dieses Symbol beseelt. Wir müssen lernen, in der Psychologie und nicht in der Geschichte nach einer Erklärung für die Bedeutung der Symbole und Rituale der Kirche zu suchen. Was zelebriert wird, ist kein weltlicher Akt, sondern eine spirituelle Reaktion, und nur durch unsere innere Reaktion haben wir Teil an der Wirksamkeit der Handlung, die ihr Vorbild war.

Die Kreuzigung des Herrn durch Hand der römischen Autorität war nur der Schatten des Kampfes in der spirituellen Welt, der auf die materielle Ebene geworfen wurde. Es war nicht das Vergießen des Blutes von Jesus von Nazareth, das die Menschheit erlöste, sondern die Ausgießung der spirituellen Macht aus dem Geist Jesu Christi.

Die Symbolik, die seinen Tod zelebriert, veranlasst uns, unsere Aufmerksamkeit auf das Opfer am Kreuz und die Arbeit, die für die Menschheit vollbracht wurde, zu konzentrieren. Das Unterbewusstsein der christlichen Völker ist zutiefst von diesem Ideal erfüllt, und wenn wir das Symbol betrachten, das damit assoziiert wird, lösen wir unterbewusste Gedankengänge aus, die tiefe Erinnerungen der Rassen wachrufen.

Ein Ritual, das bewirkt, dass eine Gemeinde ihre Aufmerksamkeit konzentriert, benutzt den Gruppengeist. Es ist bekannt, dass der Gruppengeist unter dem Einfluss von Wut oder Angst, in der Lage ist, Panik und Lynchmorde zu verursachen, zu denen die einzelnen Mitglieder, die diese Masse bilden, unfähig wären; so ist es auch mit den Impulsen des spirituellen Lebens.

Eine Gemeinde ist eine organisierte Menge, deren Aufmerksamkeit durch die Anregung aller fünf Sinne auf einen einzigen Schwerpunkt gerichtet ist – das Messopfer und das so erzeugte Gefühl der Gruppe ist fähig, den Verstand der Gruppe in Höhen zu erheben, die die Individuen, die diese Gemeinde bilden, ohne Hilfe nie erreichen würden.

Man sollte nicht denken, dass eine solche Erklärung des psychologischen Aspektes der Macht der Eucharistie in irgendeiner Weise von der Anerkennung des göttlichen Aspektes ablenken soll; sie dient ausschließlich dazu, zu zeigen, wie die spirituellen Kräfte auf der mentalen Ebene arbeiten.

Wenn wir die Arbeitsweise der spirituellen Kräfte verstehen wollen, müssen wir zwischen dem Spirituellen und dem Mentalen unterscheiden. Es ist die Verwechslung der beiden Arten der Psychologie, die zu so viel Missverständnissen führt.

Die Macht Gottes muss in einer konkreten Idee verkörpert werden, wenn sie von einem ungeübten menschlichen Verstand verstanden werden soll. Daraus ergibt sich die Notwendigkeit der Menschwerdung, die Gott dem Menschen in einer Form präsentierte, die er erfassen konnte.

Deshalb sind die Sakramente der Kirche Inkarnationen oder Verkörperungen in Form von primären spirituellen Wahrheiten, zu abstrakt, um von einem ungebildeten Verstand begriffen zu werden. Mittels ihrer Bildsymbolik ist der Verstand fähig, das zu betrachten, was er ohne Hilfe nie begreifen könnte. Diese Betrachtung ermöglicht es ihm, sich mit der spirituellen Macht zu verbinden, die die Arbeit durchführt, die der Priester auf der physischen Ebene symbolisiert.

So in Gedanken verbunden, ergießt sich die spirituelle Kraft in die Seele und erfüllt ihr göttliches Werk.

Es gibt daher drei Aspekte eines Sakramentes – die formlose Macht Gottes, die vom Abstrakten zum Konkreten von unserem Herrn übersetzt wurde; zweitens, das symbolische Ritual, das uns an diese besondere Aufgabe der Arbeit unseres Herrn erinnert; und drittens, das Bild in unserer Vorstellung.

Wenn das Letztere sich in Bewusstsein verwandelt, ist der Kreislauf vollendet und unser Herr hat uns mit Gott in Berührung gebracht.

5. Der Kreislauf der Macht

Es ist nicht leicht, östliche Gedanken den westlichen Lesern zu vermitteln, weil die übersetzten Begriffe der verwendeten Bezeichnungen sehr weit von ihrer Bedeutung im mystischen Denken entfernt sind. Es ist denen, die in diesen Themen über den Vorhof hinaus gelangt sind, bekannt, dass es eine spezielle Benutzung der Sprache gibt, eine doppelte Bedeutung, die immer benutzt wird, wenn über die praktische Vorgehensweise gesprochen wird, damit die „einmal Geborenen“ nicht die Abkürzungen zu den geheimen Plätzen der Seele entdecken.

Es ist richtig und notwendig, dass diese Vorsichtsmaßnahme verwendet werden sollte und man wird sie auch auf diesen Seiten finden; denn diese Abkürzungen sind wirksame psychologische Hilfsmittel und sie können sowohl von Uneingeweihten, wie auch von Eingeweihten genutzt werden, und wenn sie von Personen mit ungereinigtem und undiszipliniertem Verstand eingesetzt werden, kann es verheerende Folgen für andere und für sie selbst haben.

Ich wäre die Letzte, die einem Erwachsenen das Recht verweigern würde, seine eigenen Finger zu verbrennen, wenn er dies wünscht, aber ich denke, dass es besser wäre, ihm die Mittel vorzuenthalten, die dazu führen könnten, die Finger der Anderen zu verbrennen.

Eine weitere Schwierigkeit um die östliche Denkweise den westlichen Lesern zu vermitteln, liegt in der Tatsache, dass die Lebenseinstellung von Ost und West völlig verschieden ist; das ist auffallend an den Sakralbauten in den beiden Hemisphären erkennbar. Im Westen erinnert das zentrale Symbol an Leiden; im Osten erinnert es an Freude. Die Männer und Frauen, die auf diese Symbole konditioniert sind, werten die Erfahrungen des

Lebens natürlich auf verschiedene Weise. Wie Kipling richtig sagte: „Die wildesten Träume in Kew sind Tatsachen in Khatmandu und die Verbrechen von Clapham sind unschuldig in Martaban!“

Die beste Annäherung an östliche Gedanken ist eine klassische Ausbildung. Die Griechen und die Hindus hätten keine Schwierigkeit, einander zu verstehen; beide haben das gleiche Konzept von der Natur und die gleiche Achtung vor der Askese als Mittel zum Zweck und nicht als Selbstzweck. Das östliche Denken ist jedoch sehr viel tiefer in die Naturreligion eingedrungen, als es den Griechen möglich war und die Mysterien von Dionysos und Ceres sind nur blassen Schatten ihrer östlichen Prototypen.

Es kann in diesem Zusammenhang sinnvoll sein, zu prüfen, was über den Ursprung der griechischen Mysterien bekannt ist. Es wird angenommen, und die Gründe dafür kann der Leser auf den Seiten von „Prolegomena to the Study of Greek Religion“ von Jane Harrison finden, dass, als die griechische Staatsreligion begann, ihren Einfluss auf die zunehmend aufgeklärten Menschen zu verlieren, ein keineswegs erfolgloser Versuch gemacht wurde, den denkenden Menschen eine Darstellung zu liefern, indem man die Methode der ägyptischen Mysterien borgte und sie in Begriffen der alten frühen griechischen Naturkulte ausdrückte, die der hoch poetischen Tradition der strahlenden olympischen Götter vorausgegangen ist. Diese alten Naturkulte bestanden in den entferntesten Teilen Griechenlands noch fort, auf den Inseln und in den Bergen; und die geheimen Mythen zeigen deutlich, dass ihre Urheber diese Tatsache kannten, denn für sie kam Gott aus den Bergen herab oder die Göttin flüchtete auf die Insel.

Man muss verstehen, dass diese geheimen Mythen keineswegs primitives Material sind, sondern in der Tat sehr anspruchsvolles Material, denn es war die Arbeit von Wissenschaftlern und

Mystikern eines hochzivilisierten Zeitalters, die in den alten traditionellen Wurzeln der griechischen Religion nach ungenutzte Quellen der Inspiration suchten. Es war genau so, als ob ein moderner Engländer Inspiration in der keltischen oder nordischen Folklore suchte. Zweifellos wurden die Eingeweihten der Mysterien in ihrer Zeit als Heiden betrachtet.

Es gibt eine andere Tatsache, die, obwohl sie den Spezialisten auf diesem Gebiet vertraut war, der Mehrheit der Autoren über Mystik unbekannt war und deshalb auch der Mehrheit ihrer Leser.

Es wird zweifellos für viele eine Überraschung sein, zu erfahren, dass die indischen Eingeweihten glauben, dass die Inspiration ihrer Mysterien ursprünglich aus Ägypten kam. Die relevanten Daten können in den Werken von Sir John Woodroffe (Arthur Avalon) gefunden werden.

Siehe insbesondere den Auszug aus Panchkori Bandyapadhyga auf Seite XXIV Band II aus dem Buch „Principles of Tantre" dieses Autors.

Daraus folgt dann, dass diejenigen, die in der westlichen esoterischen Tradition eingeweiht wurden und zusätzlich zu den besser bekannten alchemistischen Graden, einen Grad erreicht haben, der von Griechenland und Ägypten inspiriert wurde, keine Schwierigkeiten haben werden, diese orientalischen Gedankengänge zu verstehen, die dem profanen Studenten düster oder sogar obszön erscheinen können.

Die praktischen Anwendungen solcher Lehren, so wertvoll sie auch als Hilfsmittel gegen Engstirnigkeit sein mögen, sind alles andere als einfach zu erreichen. Es wird häufig gesagt, dass Yoga, so wie es im Osten gelehrt wird, im Westen unpraktikabel ist, weil die westlichen Lebensbedingungen dafür unpassend sind und die westliche Einstellung kein Verständnis dafür hat. Ich kann diesen Rat nur noch einmal wiederholen. Der Student soll auf keinen Fall versuchen, die Arbeit des fortgeschrittenen Yogas zu praktizieren, außer wenn er die notwendigen Voraussetzungen des Körpers, Verstandes und Gemütszustands hat, denn all diese Drei leisten ihren Beitrag. Das praktische Yoga sollte nicht leichtsinnig praktiziert werden, sondern mit angemessener Achtsamkeit und Aufmerksamkeit gegenüber allen materiellen Voraussetzungen, die erforderlich sind.

Wenn diese nicht verfügbar sind, ist es nicht ratsam, den Versuch mit einem Ersatz zu machen. Unter diesen Voraussetzungen ist auch die notwendige Anzahl von gut ausgebildeten Personen in einem ordnungsgemäß ausgestatteten und vorbereiteten Ort, der von Entweihung sicher ist. Ich möchte noch einmal betonen, dass Notlösungen nicht nur nutzlos, sondern schädlich sind. Wenn Sie Yoga praktizieren, tun Sie es unter geeigneten Bedingungen oder lassen Sie es sein.

Aber trotz dieser Vorbehalte und Warnungen, denke ich, lohnt es sich, über das Thema Yoga zu schreiben, weil ich das Gefühl habe, dass meine Ausbildung in den alten Mysterien des Westens mir einen Einblick in das Thema vermittelt hat, den die durchschnittlichen Christen nicht besitzen. Es wurden sehr viele Bücher zu diesem Thema geschrieben, in denen die Autoren alle offen erkennen, dass Yoga in seiner ursprünglichen Form für den Westen nicht geeignet ist und jeder von ihnen versucht eine geeinigte Anpassung anzubieten; aber jeder von ihnen hat, so weit meine Erfahrung reicht, das Kind mit dem Bade ausgeschüttet und eine Version dieser alten Wissenschaft präsentiert, die wie eine Version von Hamlet ist, die von einem Rationalisten überarbeitet wurde, der alle Verweise auf das Übernatürliche entfernt hat. Das Ergebnis ist nicht sinnvoll.

Es bleibt jedoch eine Tatsache, dass das Yoga in seiner jetzigen Form für den Westen nicht passend ist, und dass, wenn der Berg nicht zu Mohammed gehen kann, Mohammed zum Berg gehen muss, wenn er die Freuden großer Höhen genießen will.

Unsere westliche Kultur hat viele Vorteile in Bezug auf die körperliche Hygiene, aber das Gleiche kann nicht immer in Bezug auf geistige Hygiene gesagt werden und eine Änderung der Haltung ist überfällig, worauf die Psychoanalytiker seit Langem hinweisen.

In früheren Schriften habe ich versucht, die praktischen Auswirkungen der Lehre von der Manifestation durch Gegensatzpaare, die eine der fundamentalsten und weitreichendsten Lehren der esoterischen Tradition ist, zu zeigen. Vieles von dem, was ich zu sagen hatte, ist so tief esoterisch und so praktisch, dass ich gezwungen war, auf die alte Methode der Mythen und Metaphern zurückzugreifen. Diese Dinge sind nicht für Profane, die sie entweder missverstehen oder missbrauchen würden. Diejenigen, die Augen haben, zu sehen, können zwischen den Zeilen lesen.

In diesem Zusammenhang werde ich versuchen, die beteiligten Prinzipien zusammenzufassen und das gesamte Konzept auf einen einzigen Schwerpunkt zu bringen; trotzdem muss, durch die ihr innewohnende Natur, die in der Tat das Wesen aller Manifestation ist, meine Überlegung sich in einem Kreis bewegen, der bezüglich der endgültigen Erklärung und Anwendung dort endet, wo er angefangen hat.

Eine Manifestation findet statt, wenn der Eine sich in zwei teilt, welche miteinander agieren und reagieren. Die Manifestation endet, wenn die Vielfältigkeit aufgelöst ist oder von der Einheit wieder absorbiert wurde. Der Übergang der Manifestation von Ebene zu Ebene erfolgt auf die gleiche Weise. Damit jedes Element oder jeder Faktor von einer höheren auf eine niedrigere Ebene gebracht werden kann, ist es notwendig, sie in die gegensätzlichen Faktoren zu zerlegen, die in ihrer Natur im Gleichgewicht gehalten werden. Um das zu tun, stellt man sich die entgegengesetzten Extreme vor, deren man fähig ist, und drückt sie einzeln aus, während man ihre wesentliche Einheit, wenn sie im Gleichgewicht ist, im Bewusstsein behält.

Auch wenn man einen Faktor von einer niedrigeren auf eine höhere Ebene erheben will, muss man sich sein Gegenteil vorstellen und das Paar in Vorstellung und Erkenntnis versöhnen.

Jedes Paar von Faktoren, das zum Wohle der Manifestation geteilt wurde, agiert und reagiert aufeinander, versucht sich zu vereinen und tauscht dabei seinen Magnetismus; wenn der Magnetismus umgekehrt wurde, stoßen die beiden Faktoren sich gegenseitig ab und streben auseinander und stellen so ihre getrennte Individualität wieder her; wenn das erreicht ist und eine neue Ladung an Magnetismus erzeugt wurde, ziehen sie sich wieder gegenseitig an, um Magnetismus auszutauschen, wobei der Stärkere Ladung abgibt und der Schwächere sie empfängt.

Diesbezüglich darf man nie vergessen, dass die relative Potenz nichts Festes ist, das von Mechanismus oder Form abhängt, sondern variable ist und von Spannung oder Vitalität abhängt.

Außerdem strömt die Ladung hin und zurück wie Wechselstrom, nie mit einem beständigen Fluss in eine Richtung.

Dies sind die Grundlagen des Konzepts und sie können auf jedem Aspekt der Existenz angewendet werden. Die Unwissenheit diesbezüglich und unsere hartnäckige Tendenz, den *status quo* beizubehalten, den man erschaffen hat, bewirkt unendliche Sterilität, die sowohl nutzlos als auch destruktiv und überflüssig ist, und deren Ursache wir nicht vermuten.

Ein Beispiel kann dazu dienen, die weitreichenden Auswirkungen des Einflusses dieses Prinzips zu zeigen. Wenden Sie diese Konzepte auf das Verhältnis zwischen Einweihendem und Anwärter, Lehrer und Schüler, Mann und Frau an; und nachdem Sie das getan haben, lesen Sie diese Seiten noch einmal und sehen Sie, ob Sie verstehen, was zwischen den Zeilen geschrieben ist.

Aber es gibt nicht nur eine Strömung von Magnetismus zwischen den Gegensatzpaaren, sondern es existiert ein Kreislauf von Kraft zwischen den Teilen und dem Ganzen. Der Mensch ist ein perfekter Mikrokosmos des Makrokosmos; keine andere Kreatur kann diesbezüglich mit ihm verglichen werden, so wird es gelehrt. Bei den Engeln fehlt der niedere Aspekt, bei den Elementalen der höhere. Aufgrund seiner vielfältigen Natur steht der Mensch in magnetischer Beziehung mit dem Kosmos als Ganzem, nicht nur mit einem begrenzten oder ausgewählten Teil davon. Es gibt einen Fluss und einen Rückfluss zwischen jedem Aspekt unseres Seins und Charakters und dem entsprechenden Aspekt im Kosmos.

So wie die chemischen Elemente in unserem dichten Körper aus dem allgemeinen Fundus der Materie stammen und durch den Prozess des Stoffwechsels dahin zurückkehren, so sind die psychischen Faktoren in unseren feineren Körpern weder statisch noch ausschließlich unsere, sondern sie werden durch einen ständigen Fluss und Rückfluss, wie bei einem Warmwasserkreislauf, der aus dem Boiler in den Tank und zurückfließt, aufgrund ihrer eigenen physikalischen Eigenschaften erhalten.

Wenn wir aus irgendeinem Grund von diesem freien Fluss der natürlichen Kraft abgeschnitten werden, verkümmern einige Aspekte unserer Natur und sterben. Oder, wenn der Strom behindert wird, ohne blockiert zu sein, leidet ein Aspekt an Hunger. Es gibt eine charakteristische Leblosigkeit, wenn dies geschieht, die in allen Beziehungen des Lebens leicht erkennbar ist.

Wenn der Einweihende nicht in Kontakt mit spirituellen Kräften ist, kann er sie nicht an den Anwärter weitergeben und so scheitert die Einweihung.

Wenn der Anwärter keine wirkliche Tiefe des Gefühls für seine Einweihung aufbringt, sendet er keinen Magnetismus aus; und da Magnetismus nur zu einer Person gesendet werden kann, dic ihn aussendet – eine wenig verstandene, aber weitreichende

Wahrheit – kann der Anwärter keine Kraft empfangen und die Einweihung ist unwirksam.

Wenn ein Anführer keine großen Prinzipien hat, die ihn leiten, sondern ein reiner Opportunist ist, wird seine Inspiration, die er an seine Anhänger weitergibt, nicht mehr als eine Hoffnung auf einen Anteil der Beute sein. Wenn ein Mann und eine Frau nicht in Kontakt mit der Natur sind, haben sie einander wenig an vitalem Wert zu geben und werden sich darum bald trennen – auf den inneren Ebenen, auch wenn Konventionen sie auf der äußeren Ebene zusammenhalten.

Der Vorgang des magnetischen Austauschs kann in all seinen Aspekten kultiviert und entwickelt werden. Im subjektiven Aspekt wird er durch bestimmte Übungen des Hatha Yoga entwickelt, die zwar gefährlich sind, wenn sie falsch ausgeführt werden, aber sehr wertvoll sind, wenn sie richtig angewendet werden. Ohne diese Entwicklung des subjektiven Magnetismus und den Erwerb der Fähigkeit, ihn zu lenken und zu kontrollieren, ist es unmöglich, die Kontakte zum entsprechenden Reservoir an magnetischer Kraft im Kosmos sicher oder zufriedenstellend zu handhaben; aber sobald ein gewisses Maß an Entwicklung und Fähigkeiten erreicht worden ist, ist es eine Zeitverschwendung, sich ausschließlich mit subjektiven Methoden zu beschäftigen.

Kontakte mit kosmischen Kräften sind jedoch nicht Dinge, die dem Zufall überlassen werden sollten, so wenig wie der Kontakt mit einem Blitz; daher werden Formeln verwendet, um es dem Verstand zu ermöglichen, die gewählte kosmische Kraft zuerst zu kontaktieren und sie dann zu kontrollieren. Diese Formeln können, wenn der Leiter erfahren ist und in dieser Kunst geschult ist, rein mental sein und aus Bildern in der Vorstellung bestehen, die die betreffende Kraft darstellen.

Aber nur sehr hoch entwickelte Menschen können durch rein mentale Mittel Ergebnisse erzielen, für weniger entwickelte

Menschen ist die Zusammenarbeit mit anderen in einer Gruppenarbeit notwendig. Allein zu arbeiten wird bald trocken, langweilig und ohne Ergebnisse sein, wie jeder Schüler des Okkultismus bezeugen kann.

Dennoch, wenn er nicht alleine arbeitet, wird der Arbeitende sich entmagnetisieren. Folglich müssen wir uns an die Idee einer ständigen Änderung des Zustandes gewöhnen und an den Wechsel zwischen subjektiver einzelner Arbeit und objektiver Gruppenarbeit. Nur so können wir hoffen, das Gefühl der Begeisterung zu erhalten, das uns sagt, dass die Kräfte frei fließen.

Diese Dinge sind das Geheimnis, nicht nur der magischen Kräfte, sondern des Lebens in all seinen Beziehungen. Das sind Dinge, die selbst dem aufgeklärtesten exoterischen Verstand vollkommen unbekannt sind und sie sind die wahren Schlüssel für die praktische okkulte Arbeit.

Das sind die verlorenen Geheimnisse der Mysterien, Geheimnisse, die verloren gingen, als eine asketische Religion, die, obwohl sie eine wertvolle Korrektur für alle Exzesse war, die polarisierende gegensätzliche Wahrheit zerstörte, die allein sie im Gleichgewicht halten könnten.

Der große Fehler unserer Ethik ist, dass sie nicht in der Lage ist, zu begreifen, dass man zu viel des Guten haben kann.

Wenn wir uns, um uns ausschließlich auf Gott zu konzentrieren, von der Natur abschneiden, zerstören wir unsere eigenen Wurzeln. Es muss in uns einen Kreislauf zwischen Himmel und Erde geben, nicht eine einseitige Strömung, die uns aller Vitalität beraubt. Es reicht nicht, dass wir Kundalini von der Basis der Wirbelsäule aufsteigen lassen; wir müssen auch das göttliche Licht durch den tausendblättrigen Lotos herabziehen. Ebenso ist es nicht genug für unsere psychische Gesundheit und spirituelle Entwicklung, dass wir das göttliche Licht herabziehen, wir müssen auch die Erdkräfte heraufziehen.

Die psychische Gesundheit wird zu oft der spirituellen Entwicklung geopfert, durch Unkenntnis oder Leugnung dieser Tatsache. Die Natur ist Gott, der sich manifestiert hat, und wir schmähen sie zu unserem eigenen Nachteil.

6. Die drei Arten der Realität

Wenn wir nicht den Unterschied zwischen dem Kosmos und dem Universum begreifen, werden wir nie ein wirkliches Verständnis für die esoterische Philosophie erreichen. Dieser Punkt ist überaus wichtig, denn er zeigt den Unterschied zwischen denen, die wissen, wie die Symbolsysteme interpretiert werden und denjenigen, die es nicht wissen.

Das Konzept ist nicht leicht zu verstehen, aber wir werden versuchen, es so einfach wie möglich zu vermitteln, denn daraus ergeben sich viele wichtige Punkte.

Praktisch gesehen ist unser Sonnensystem eine geschlossene Einheit. Die Einflüsse, die von anderen Himmelskörpern empfangen werden, ändern sich, wenn sie sich überhaupt ändern, in so großen Zeitabschnitten, dass wir sie, was uns betrifft, als konstant betrachten.

Dieses Sonnensystem entstand aus einem Nebel, die Planeten entstanden aus der Sonne und aus den Planeten die begleitenden Monde. Man kann also, was unser Universum betrifft, sagen: „Am Anfang war ein Nebel!“

Aber wenn wir das sagen, ist das Problem nicht gelöst. Woher kam der ursprüngliche Nebel? Die Antwort auf diese Frage ist vielleicht, dass er aus der diffusen Materie des Raumes kondensiert wurde. Aber wir sind noch immer nicht am Anfang angelangt.

Woher hat die Materie des Raumes, was auch immer das sein mag, die ihr innewohnenden Merkmale, die sich im Prozess ihrer Evolution zeigten?

In der Tat impliziert das Wort Evolution die Involution. Nichts kann entfaltet werden, das nicht zuvor zusammengefaltet wurde. Es muss eine Phase der Existenz gegeben haben, die der Entfaltung der Evolution vorausgegangen ist, denn die Evolution ist keine kontinuierliche Erschaffung aus dem Nichts, sondern die Manifestation von latent Vorhandenem.

Wir lösen dieses Problem für jeden möglichen Denkansatz, indem wir das große Unmanifestierte, die Wurzel allen Seins, das in Wirklichkeit der metaphysische Gegenwert von X ist, die unbekannte Größe, als gegeben hinnehmen. In der Algebra ermöglicht X Berechnungen mit bekannten Mengen, aber am Ende sind wir nicht klüger, bezüglich dessen Natur, als am Anfang. In der Metaphysik benennen wir alles, was wir nicht verstehen, als X; das ist nicht nur das große Unmanifestierte, sondern auch das große Unbekannte.

Das Unbekannte ist jedoch ein relativer Begriff, und die Esoteriker oder diesbezüglich auch die Evolutionisten stimmen Herbert Spencer nicht zu, dass das große Unbekannte auch das große Unerkennbare ist. Durch die Erweiterung des menschlichen Bewusstseins, entweder im Zuge der evolutionären Entwicklung oder durch intensive Methoden, kann man viel begreifen, das bisher unbekannt war. In der Tat ist den Wissenschaftlern, Philosophen, Metaphysikern eine Menge von dem bekannt, was Teil des großen Unbekannten ist, im Vergleich zu einem Durchschnittsmenschen ;und dem Durchschnittsmenschen ist viel mehr bekannt über das große Unbekannte, als einem kleinen Kind.

Das große Unbekannte ist daher nicht ein Ding an sich, sondern eine Beziehung, die vorhanden ist oder genauer gesagt, nicht vorhanden ist, zwischen dem Selbst und bestimmten Aspekten des Nicht-Selbst.

Das große Unmanifestierte kann nicht das große Nicht-Existierende sein. Das Nicht-Existierende ist einfach nicht und das ist alles, was darüber gesagt werden kann. Aber das große Unmanifestierte ist sehr viel und es die Wurzel allen Seins zu nennen, ist eine sehr gute Beschreibung. Es ist nur unmanifestiert, soweit es uns betrifft, weil wir, jedenfalls beim heutigen Stand der Entwicklung, keine Fähigkeiten oder Sinne besitzen, mit denen wir in der Lage wären, es zu kontaktieren. Wenn jedoch eine Erweiterung des Bewusstseins stattfindet, mit deren Hilfe wir uns eines Aspekts der Wurzel allen Seins bewusst werden, die wir bisher nicht bemerkt haben, dann ist es für uns nicht mehr unmanifestiert, sondern hat sich manifestiert.

Könnten wir also sagen, dass Manifestation durch Erkenntnis stattfindet? Die Realitäten, die die zugrunde liegenden noumenalen Essenzen alles Seienden sind, manifestieren sich nie dadurch, dass sie Objekte der sinnlichen Wahrnehmung werden. Aber ist unsere Auffassungsgabe auf die sinnliche Wahrnehmung beschränkt? Der Psychologe sagt ja. Der Esoteriker sagt nein. Keine sinnliche Wahrnehmung ermöglichte Darwin das Gesetz der Evolution zu begreifen.

Seine fünf Sinne ermöglichten es ihm vielleicht, die unzähligen Phänomene zu beobachten, auf denen seine Schlussfolgerung basierte, aber es war eine Fähigkeit, die sich sehr vom sinnlichen Bewusstsein unterschied, durch die er schließlich die der Natur zugrunde liegende Kohäsion zwischen den unzähligen verschiedenen Einheiten begriff, die im Laufe seiner Forschung Ziel seiner Beobachtung waren.

Ist eine Formel, die eine Reihe von objektiven Tatsachen zusammenfasst, weniger real als die Tatsachen selbst? Besteht ihre Realität aus den Zeichen, die sie als Zahlen und Buchstaben auf dem Papier repräsentieren? Ist es nicht etwas, das an sich und auf seiner eigenen Ebene existiert? Wir müssen unseren Verstand von der Idee befreien, dass nur dichte Materie real ist. Es gibt viele Formen von Energie, die nicht physisch sind. Jenseits der physischen Realität gibt es eine übersinnliche Realität und jenseits der übersinnlichen Realität gibt es eine spirituelle Realität. Nur in Begriffen der Materie zu denken, ist eine schlechte mentale

Angewohnheit und vermittelt uns einen vollkommen falschen Blick auf die Existenz.

Wir können die übersinnliche Realität definieren, indem wir sagen, dass sie aus der Gesamtsumme der Erkenntnisse besteht, so vage diese auch sind, die das Bewusstsein, so rudimentär es auch ist, erreicht hat. In Bezug auf die spirituelle Realität haben wir uns darauf beschränkt, zu sagen, dass sie aus dem noch nicht verstandenen großen Unmanifestierten besteht und dass darin die Wurzel allen Seins liegt.

Und selbst wenn eine übersinnliche Realität durch Erkenntnis erzeugt wird, ist die spirituelle Realität nicht verschwunden, sondern verbleibt als die zugrunde liegende Essenz, die dem Ganzen einen Wert verleiht. Denn es kann übersinnliche Erkenntnisse geben, die nicht real sind, sondern unreal, da sie unzureichend oder ungenau sind und darin können wir die Wurzel des positiven Bösen suchen.

Man könnte durchaus fragen, welche praktischen Auswirkung diese metaphysischen Feinheiten in unserem täglichen Leben haben könnten?

Wenn wir die Last der Verantwortung des täglichen Lebens tragen, was für eine Rolle spielt es dann für uns, ob es eine übersinnliche Realität gibt, die sich von der spirituellen Realität an sich unterscheidet? Und würde es unsere Last erleichtern, wenn wir es wüssten?

Auf Überlegungen wie dieser beruht die gesamte Struktur der praktischen Anwendungen der Macht des Verstandes; auf dem Gebiet der übersinnlichen Realität finden die Denkweisen und Affirmationen der christlichen Wissenschaft und der Neugeist-Bewegung im Allgemeinen ihren Anwendungsbereich und davon leiten sie ihre Macht ab.

Auf dem Gebiet der übersinnlichen Realität arbeiten der Adept und der Magier mithilfe des geschulten Verstandes, denn die Ebene der übersinnlichen Realität ist empfänglich für mentale Beeinflussung.

Die Bewohner des Unsichtbaren

Wer auch immer in Kontakt mit der unsichtbaren Welt tritt, sei es durch seinen eigenen Psychismus oder durch die Nutzung des Psychismus eines Anderen als Kanal der Beschwörung, braucht ein System der Klassifikation, damit er in der Lage ist, die vielfältigen Phänomene zu verstehen, denen er begegnen wird. Nicht alle sind durch die Geister der Verstorbenen bedingt; es gibt auch andere Bewohner der unsichtbaren Welt als diejenigen, die einmal menschliche Gestalt hatten.

Auch sind nicht alle Erscheinungen, die durch das Unterbewusstsein bedingt sind, völlig subjektiv. Verwirrung entsteht, wenn das, was einem Bereich zugeordnet werden sollte, einem anderen zugeteilt wird.

Es kann eindeutig bewiesen werden, dass die Erklärungen, die angeboten werden, die Tatsachen nicht erklären. Dennoch verschwinden die Tatsachen nicht, nur weil die Erklärung falsch ist. Eine korrekte Klassifizierung würde eine Erklärung liefern, die einer unparteiischen Untersuchung standhalten kann und ihrer Weisheit wegen gerechtfertigt ist.

Die Klassifizierung, die in diesen Seiten vorgeschlagen wird, ist weitgehend traditionellen okkulten Quellen entnommen und wir glauben, dass sie Licht auf gewisse Erfahrungen werfen, die Forscher des Übersinnlichen gemacht haben.

Sie wird im Geiste der Zusammenarbeit als unabhängiges Zeugnis einer gemeinsamen Erfahrung angeboten.

I. Die Seelen der Verstorbenen

Von allen Bewohnern der unsichtbaren Welten sind diejenigen, mit denen wir am leichtesten in Kontakt treten können, die Seelen menschlicher Wesen, die ihr fleischliche Hülle entweder vorübergehend oder dauerhaft verloren haben.

Jeder, der mit spiritistischem oder esoterischem Gedankengut vertraut ist, gewöhnt sich schnell an der Idee, dass der Mensch sich durch den Tod nicht verändert. Die Persönlichkeit bleibt, nur der Körper verschwindet.

Der Esoteriker unterscheidet bei seinem Konzept über die Natur der Seelen der Verstorbenen zwischen denen, die durch die inter-natale Phase gehen, d. h., die in den nicht-physikalischen Welten zwischen den Inkarnationen leben, und denen, die sich nicht mehr inkarnieren werden. Es besteht ein großer Unterschied bezüglich Eigenschaft und Perspektive zwischen diesen beiden Arten von Seelen und viele der ungelösten Probleme, die zurzeit zwischen Spiritualismus und Okkultismus existieren, sind zweifellos dem Fehler geschuldet, diese Tatsache zu erkennen.

Der Okkultist behauptet nicht, dass die Existenz eine ewige Abfolge von Geburt und Tod ist, sondern dass die Seele in einer bestimmten Phase der Evolution eine Reihe von materiellen Leben erlebt und durch die Entwicklung, die sie in diesen Leben gemacht hat, schließlich der weltlichen Phase der Evolution entwächst und sich gegen Ende dieser Periode mehr und mehr spiritualisiert, bis sie schließlich ihre Freiheit von der Materie erreicht und sich nicht mehr reinkarniert und ihre Existenz als körperloser Geist mit einem menschlichen Verstand fortsetzt.

Der Okkultist behauptet, dass ein Charakter nur durch Inkarnation in menschlicher Form erreicht werden kann. Jene Wesen, die diese Erfahrung nicht durchlaufen haben, haben keinen Charakter erlangt, wie wir ihn verstehen, mit bestimmten Ausnahmen, die wir später betrachten.

In den meisten Fällen sind es die Seelen der lebenden Toten, mit denen in Séancen Kontakt hergestellt wird. Befreite Seelen begeben sich zu ihrem eigenen Ort und sind nicht so leicht zu erreichen. Nur diejenigen kehren in den Bereich der irdischen Sphäre zurück, die dort noch etwas zu erledigen haben.

Eine Diskussion über diesen Punkt würde ein weites Interessensgebiet eröffnen, mit dem wir uns im Moment nicht beschäftigen können. Es muss genügen zu sagen, wie es all denen, die übersinnliche Forschung betreiben, wohl bekannt ist, dass es außer den Seelen, die üblicherweise angetroffen werden, Seelen einer höherer Art gibt, die sich mit der Entwicklung der Menschheit und der Ausbildung jener, die bereit sind, sie in ihrer Arbeit zu unterstützen, beschäftigen.

Wir können also sagen, dass die Seelen der Verstorbenen in drei Arten unterteilt werden können: die Seelen der lebenden Toten, die wieder in ein irdisches Leben zurückkehren; die befreiten Seelen, die über das irdische Leben hinausgewachsen sind und zu einer anderen Sphäre der Existenz gelangt sind; und die befreiten Seelen, die, obwohl sie gegangen sind, wieder in die irdische Sphäre zurückkehren, weil sie dort noch Arbeit zu erledigen haben.

Eine Anerkennung dieser drei Arten von Seelen wird dazu dienen, viele der Unstimmigkeiten zu erklären, die zwischen den Ansichten der Spiritisten und Okkultisten herrschen. Der Okkultist zielt hauptsächlich darauf ab, in Kontakt mit den befreiten Seelen zu treten, für spezielle Arbeiten, die sowohl ihn, als auch diese Seelen betreffen; meistens lässt er die Seelen der lebenden Toten in Ruhe. Ich persönlich bin der Meinung, dass er falsch liegt, wenn er das tut. Es ist richtig, dass diese Seelen wenig hilfreich sind für seine Arbeit, aber die normale Beziehung der Lebenden mit den Toten raubt dem Tod den größten Schrecken und baut beständig eine Brücke zwischen denen, die bleiben, und denen, die gegangen sind.

Der Okkultist sollte sicherlich nicht die Hilfe der lebenden Toten suchen, wie er es mit den befreiten Seelen tut, denn sie haben ihre eigene Arbeit zu tun; auch sollte er nicht so viel Vertrauen in ihr Wissen und ihren Einblick haben, wie in das Wissen derjenigen, die vom Rad der Geburt und des Todes befreit sind; auch hat er kein Recht, zu versuchen, sie zu benutzen, wie die Elementargeister bei seinen Experimenten.

Wenn man diese Bedingungen anerkennt, scheint es keinen Grund zu geben, warum der Okkultist nicht von dem Austausch der Erfahrungen profitieren sollte, der ständig über die Grenzen hinweg stattfindet. Schließlich ist der Tod einer der Prozesse des Lebens und die Toten sind sehr lebendig und völlig normal.

II. Projektionen der Lebenden

Das Auftreten von menschlichen Trugbildern im Moment des Todes kommt häufig vor und es gibt zahllose bezeugte Fälle ihrer Existenz. Es ist jedoch nicht so bekannt, dass es möglich ist, dass ein Trugbild oder eine astro-ätherische Form willentlich durch einen geschulten Okkultisten projiziert werden kann. Solche Projektionen sind, im Verhältnis zu den körperlosen Seelen, die man trifft, wenn die Schwelle überschritten wird, äußerst selten; dennoch treten sie auf und deshalb müssen sie in jeder Klassifizierung, die umfassend ist, enthalten sein.

Normalerweise scheint so eine projizierte Seele vollkommen beschäftigt mit ihren eigenen Angelegenheiten zu sein und in einem Zustand der Versunkenheit, in dem sie ihre Umgebung anscheinend ignoriert. In der Tat kommt es häufig vor, dass der körperlose Geist viel Mühe hat, um Bewusstsein auf höheren Ebenen zu erlangen, und seine Selbstversunkenheit ist die eines Anfängers auf einem Fahrrad.

Es kann eine gelegentliche Kommunikation zwischen solch einem projizierten ätherischen Körper und einer Gruppe von Forschern hergestellt werden und es können sehr interessante Ergebnisse erzielt werden; aber wenn nicht genügende Kraft für die Materialisation vorhanden ist, um das Simulacrum für die nicht übersinnlichen Menschen sichtbar zu machen, wird das Experiment nur durch Telepathie stattfinden, unterstützt durch ein Medium, und nicht durch wahre Projektion der astro-ätherischen Form.

Solche Besucher sind weder Engel noch Teufel, sondern „menschlich, allzu menschlich"!

III. Die Engelhierarchien

Der durchschnittliche Protestant hat nur eine sehr vage Vorstellung von den Engelhierarchien, von der großen Menge Wesen mit einer anderen Evolution als unserer, obwohl sie Kinder desselben himmlischen Vaters sind. Die Kabbala ist jedoch in diesen Punkt eindeutig und klassifiziert sie in zehn Hierarchien von Erzengel und Engeln.

Die Theologie der Buddhisten, Hindus und Mohammedaner ist ebenso explizit. Wir können also vermuten, dass diese einvernehmlichen Zeugnisse eine Sicherheit garantieren und es wird unserem Zwecken am besten dienen, wenn wir uns an dem System orientieren, aus dem das Christentum entstand – dem mystischen Judentum.

Wir werden uns nicht mit den ausführlichen Klassifikationen beschäftigen, die von den jüdischen Rabbinern benutzt werden, denn diese haben ihre Bedeutung für die Magie, sind aber nicht relevant für unsere gegenwärtiges Thema. Es reicht, dass wir erkennen, dass es von Gott geschaffene Wesen mit unterschiedlichen Graden gibt, vom mächtigen Erzengel, den der

Heilige Johannes in der Sonne stehen sah, bis zu den namenlosen himmlischen Boten, die von Zeit zu Zeit die Menschheit besucht haben.

Jenseits der Sphären, denen die körperlosen Geister der Menschheit zugeordnet sind, wohnen diese himmlischen Wesen und in einigen hohen Bereichen des spirituellen Lichts kann ein übersinnlicher Mensch oder ein Medium sie manchmal erreichen. In die Schriften von George Vale Owen ist viel Interessantes über sie zu finden.

Von den Rabbinern wird gesagt, dass diese Wesen vollkommen sind, jedes nach seiner Art; aber sie entwickeln sich nicht weiter und es ist auffällig, dass sie nicht intellektuell sind. Fast könnte man sie göttliche Roboter nennen, die durch ihre eigene Natur streng konditioniert sind, die Aufgabe zu erfüllen, für die sie geschaffen wurden; frei von Kämpfen und inneren Konflikten, aber unveränderlich, und daher ohne Möglichkeit sich zu entwickeln.

Kein Engel, so heißt es, verlässt jemals die Sphäre seiner Tätigkeit. Der Engel, der *Heilung in seinen Flügeln* hat, kann keine Visionen schenken und der Spender der Visionen kann nicht als strenger Wächter gegen die Mächte der Finsternis dienen. Die Esoteriker machen einen grundlegenden Unterschied zwischen Engeln und den Seelen der Menschen. Sie sagen, dass die göttlichen Funken, die die Keime der Seelen der Menschen sind, aus dem noumenalen Kosmos kommen, aus der gleichen Ebene, auf der das Sein des solaren Logos sich befindet.

Sie sind daher von derselben innersten Natur wie der Gottheit. Die Engel wurden andererseits vom solaren Logos als die Ersten seiner Geschöpfe erschaffen. Sie können sich weder degenerieren noch regenerieren, sondern bleiben unverändert, aber ohne sich weiterzuentwickeln, bis zum Ende der Zeit. Die Funktionen der Engel sind vielfältig und können hier nicht im

Detail wiedergegeben werden. Sie sind, jeder gemäß seines Amtes und seines Ranges, Boten Gottes in spirituellen Angelegenheiten, aber sie haben keinen direkten Kontakt mit dichter Materie. Diese Aufgabe wird von einer anderen Art von Wesen übernommen, den Elementalen, die sich durch ihre Entstehung und ihre innerste Natur sowohl von den Engeln als auch Menschen unterscheiden.

IV. Die Elementale

Es gibt viel Verwirrung bezüglich der Ordnung von Wesen, die als Elementale bekannt sind. Sie werden manchmal mit den Geistern der Menschen verwechselt. Zweifellos müssen viele Vorkommnisse, die Geistern zugeschrieben werden, den Aktivitäten dieser oder einer anderen Ordnung von Wesen zugeordnet werden. Auch sollten sie nicht mit den bösen Dämonen oder, wie der kabbalistischen Namen lautet, den „Qliphoth" verwechselt werden.

Elementale sind die Gedankenformen, die durch koordinierte Systeme von Reaktionen, die durch konstante und unveränderliche Wiederholung stereotyp wurden, erschaffen werden. Es ist eine Erklärung notwendig, um dieses Konzept zu verdeutlichen und wir werden es am besten verstehen, wenn wir untersuchen, wodurch die Elementale entstanden sind.

Jede Epoche der Evolution wird durch die Ausdehnung und Rückkehr einer Lebenswelle von lebenden Seelen gebildet. Diese werden in der esoterischen Terminologie als die Herren der Flamme, der Form und des Verstandes bezeichnet. Die gegenwärtige Evolution wird die Herren der Menschheit hervorbringen. Jede Lebenswelle entwickelt ihren charakteristischen Beitrag zur Evolution.

Wenn die göttlichen Funken, die den Kern der sich entwickelnden Seelen jeder Evolution bildeten, wieder aufgestiegen sind und in das Reich Gottes aufgenommen wurden, bleibt ihre Arbeit in dem, was sie erschaffen haben, zurück – seien es chemische Elemente, die von den Herren der Flamme erschaffen wurden oder die Reaktionen des Bewusstseins, die von den Herren des Verstandes entwickelt wurden.

Die Menschheit, so heißt es, entwickelt die Macht des koordinierten Bewusstseins und die Herren der Menschheit haben deshalb die gleiche Beziehung zu den Herren des Verstandes, wie die Herren der Flamme zu den Herren der Form. Diese Wesen der drei früheren Lebenswellen haben den Lebensbereich unseres Planeten verlassen, jede Gruppe stieg zu ihrer entsprechenden Ebene auf und die Herren der Menschheit sind noch immer mit der Aufgabe der Entwicklung beschäftigt und sie sind außer den wenigen, die Meister geworden sind, noch nicht den Fesseln der Materie, in der sie arbeiten, entkommen.

Deshalb ist es selten, dass ein übersinnlicher Mensch, außer Adepten der höheren Grade, jemals Kontakt mit einem dieser Wesen aufnimmt.

Sie haben jedoch, wie bereits erwähnt, die Formen, die sie im Laufe ihrer Entwicklungen aufgebaut haben, hinter sich gelassen. Diese Formen bestehen, wie übersinnliche Menschen lehren, aus koordinierten Systemen magnetischer Spannungen. Immer wenn eine Bewegung stattfindet, wird ein elektrischer Strom erzeugt, und wenn eine Reihe koordinierter Bewegungen viele Male wiederholt wird, neigen diese Ströme dazu, Anpassungen untereinander zu bilden und sich selbst zu koordinieren, ganz unabhängig von den physikalischen Formen, durch deren Aktivitäten sie erzeugt wurden. Aus diesen Koordinationen entwickelten sich die Elementale.

Wir können uns hier nicht weiter in dieses interessante und komplizierte Thema vertiefen. Es ist ein Gebiet für eine separate Studie. Es wurde jedoch genug gesagt, um darzulegen, dass, obwohl das letztendliche Ziel der Evolution des Reichs der Engel, Menschen und Elementale darin besteht, Bewusstsein und Intelligenz zu erzeugen, der Ursprung der drei Arten von Wesen vollkommen verschieden ist und damit auch ihr Schicksal.

Die göttlichen Funken sind die Emanationen des großen Unmanifestierten, Ain Soph Aur in der Terminologie der Kabbalisten; die Engel sind die Schöpfungen des solaren Logos und die Elementale sind „die Schöpfungen der Erschaffenen", d. h., sie sind aus der Tätigkeit des materiellen Universums entstanden.

Von diesen so entstandenen Elementalen gibt es viele Arten. Zuerst die vier großen Bereiche der Elementargeister von Erde, Luft, Feuer und Wasser, die den Alchemisten als Zwerge, Sylphen, Salamander und Undinen bekannt sind.

Sie stellen die vier Arten der Aktivität dar, die aus den vier Arten von Beziehungen entstehen. In Festkörpern (das Element Erde) haften die Moleküle aneinander, in Flüssigkeiten (das Element Wasser) sind die Moleküle frei beweglich. In Gasen (das Element Luft) stoßen sie sich gegenseitig ab und zerstreuen sich bis zu ihren äußersten Grenzen.

Und im Feuer ist die wesentliche Eigenschaft ihrer Aktivität, die Ebene zu wechseln oder zu transmutieren. Die vier Reiche der grundlegenden Elementale unter der Herrschaft ihrer Engel-Könige stellen die koordinierte, zielgerichtete und intelligente Handlung dieser vier Eigenschaften der Materie dar – die Seite des Verstandes der materiellen Phänomene, um genau zu sein.

Diese Tatsache ist den Okkultisten sehr wohl bekannt und sie benutzen die mentale Seite der Materie in ihrer magischen Arbeit. Folglich wurden viele dieser Systeme der Reaktionen der Elementale sozusagen von Adepten „domestiziert". Solche domestizierten Elementale bekamen eine Art menschliches Bewusstsein. Diese entwickelten (bzw. initiierten) Elementale begegnen manchmal übersinnlichen Menschen. Es handelt sich hier um einige der geheimsten Aspekte des Okkultismus und darüber kann nicht viel gesagt werden; und selbst wenn etwas darüber gesagt würde, würde es nur von denen verstanden werden, die bereits in esoterischer Wissenschaft bewandert sind.

7. Die Nicht-Menschlichen

Unter diesem Begriff verstehen wir im Allgemeinen jede Art fühlender Intelligenz, die zur Zeit nicht in einem menschlichen Körper inkarniert ist – dies schließt jene körperlosen Geister ein, die durch Medien sprechen und jene, die wir Meister oder Adepten der innere Ebene nennen und die kein menschliches Leben haben, obwohl sie menschliche Geister sind, aber in der Klassifizierung rechnen wir sie zu den Nicht-Menschlichen.

Manchmal treten wir in Kontakt mit Wesen, die keinen physischen Körper haben. Wir lesen viel über diese Kontakte, sowohl in der mittelalterlichen als auch in der antiken Literatur und heutzutage findet man auch Berichte von den primitiven Stämmen des Ostens und der Neuen Welt. Auch in bestimmten Teilen unserer eigenen Tradition gibt es jede Menge davon, vor allem bei den Kelten. Der durchschnittliche Angelsachse begnügt sich mit einem einzigen Nicht-Menschlichen und das ist der Teufel.

Also haben wir es mit einer beträchtlichen Menge von Aussagen über den Kontakt zwischen menschlichen und nichtmenschlichen Wesen zu tun, und es gibt keinen Rauch ohne Feuer. Deshalb müssen wir prüfen, ob es solche Dinge gibt. Ist eine Kommunikation möglich und wenn ja, ist sie unter beliebigen oder nur unter bestimmten Bedingungen empfehlenswert?

Wenn wir das weite Feld der anderen Phasen der Evolution betrachten, gibt es keinen Grund, warum es nicht andere Formen der Existenz als die der dichten physikalischen Materie geben sollte. Für eine ungeübte Person ist nichts real außer den materiellen Dingen, mit denen sie zusammenstoßen kann und über die sie fallen kann. Aber wer Erfahrung in der wissenschaftlichen Arbeit hat, weiß, dass es unsichtbare Kräfte auf der Ebene gibt, die der dichten Materie am nächsten ist und die wir mit absoluter Sicherheit erreichen können.

Warum sollte es nicht andere geben, die ein bisschen weiter entfernt sind? Müssen wir uns auf das beschränken, was wir sehen können, oder können wir sagen, dass es mehr Dinge zwischen Himmel und Erde gibt, als wir in unserer Philosophie zu träumen wagen?

Wir werden dies nun als gegeben nehmen, um Zeit zu sparen und fahren fort mit dem Studium der Natur der Nicht-Menschlichen. Die esoterische Wissenschaft lehrt uns, dass es noch andere Linien der Evolution als unsere eigene gibt. So wie Licht und Ton keinen Platz in unserem Raum einnehmen, so nehmen auch diese Wesen keinen Raum ein, sie haben kein Gewicht und keine Masse, sie durchdringen die Materie und man kann durch sie hindurchgehen, wie durch einen Geist.

Ihre Arten des Bewusstseins unterscheiden sich von unseren. Wir können einen Musiker in Verzückung sehen, in einem Zustand der Entrückung, durch einen Klang, der für uns nur Lärm ist, weil sein geübtes Ohr die Klänge anders wahrnimmt. Es gibt also diese Arten der Existenz, die sich von unseren unterscheiden und unsere durchdringen. Wir treten mit diesen anderen Arten des Lebens nur unter drei Bedingungen in Kontakt.

Zuerst müssen wir beginnen, auf eine andere Art wahrzunehmen; dann entdecken wir, dass wir Wesen einer Art begegnen, von der wir bisher nicht einmal wussten, dass sie existiert und das ist eine überraschende Erfahrung für beide. Zweitens können wir in Kontakt mit diesen anderen Wesen treten, wenn es ein Medium gibt, das materialisieren und Ektoplasma absondern kann.

Drittens, Okkultisten, die sich mit diesen Arten der Arbeit beschäftigen, können durch magische Handlungen Wesen anderer Art der Existenz anrufen und materialisieren. Wir sehen also, dass es Bedingungen gibt, durch die wir sie kontaktieren können, aber es ist ein Prozess, der für beide Parteien jenseits des Normalen liegt. Wenn ein menschliches Wesen sein Bewußtsein zu diesen höheren Ebenen erhebt, ist er sozusagen ein Gespenst für die Bewohner dieser Ebene.

Deshalb entsteht, wenn wir das tun, ein Gefühl von Gefahr, von Dingen, die uns feindlich gesinnt sind; dass ist der Grund, weshalb diese Wesen Angst vor uns haben und defensiv sind. Der Fall ist anders bei einem eingeweihten Okkultisten, der mit „Empfehlungsschreiben" in die unsichtbare Welt geht und dadurch eine brüderliche Beziehung erreicht. Dann bewegt sich das Bewusstsein des Adepten mit seinem „Empfehlungsschreiben" entlang bekannter Wege und er empfindet diese Ebenen nicht mehr feindlich, er weiß, wie er sich verhalten muss und die Sache ist vollkommen anders. Aber niemand sollte solche Reisen willkürlich unternehmen.

Wir können die Wesen einer anderen Ebene beleidigen und deshalb gewaltsam zurückgestoßen werden.

Die Frage der Kommunikation zwischen den beiden Ebenen löst sich durch die Veränderung der Bewusstseinsebene auf unserer Seite oder die Annahme einer substanziellen Form auf der anderen Seite und bei beiden ist es wichtig, dass sie wissen was sie tun und bestimmte Vorsichtsmaßnahmen beachten. Und welche Arten von Wesen sind es nun, die man so kontaktieren kann?

Erstens gibt es die sogenannten lebenden Toten, diejenigen, mit denen die Spiritisten normalerweise in Kontakt treten, wenn sie das Reich des Unsichtbaren erreichen. Die spiritistische Bewegung wurde ungefähr zur selben Zeit ins Leben gerufen, wie die okkulte Bewegung und die christliche Wissenschaft. Vier große Bewegungen entstanden im letzten Viertel des vergangenen Jahrhunderts – der Spiritismus; die christliche Wissenschaft und ihre Verbündeten, die Neugeist-Bewegung, usw.; die theosophische Gesellschaft unter Blavatsky; und eine allgemeine Bewegung des Lebens in der westlichen esoterischen Tradition, die viel weniger bekannt ist.

Jede von ihnen hatte ihre eigene Arbeit. Die Spiritisten sahen es als Aufgabe, mit den Geistern der Verstorbenen, die noch in der irdischen Sphäre sind, in Verbindung zu treten.

Abgesehen davon haben sie nicht viel getan. So wie der Okkultist, der an den Kontakten eines bestimmten Strahls arbeitet und in Kontakt mit Wesen aus diesem Strahl tritt, so arbeitet auch der Spiritist und deshalb ist ihre Erfahrung begrenzt.

Diese Wesen sind menschliche Persönlichkeiten. Die meisten von Ihnen wissen, dass die menschliche Persönlichkeit eine Zeit lang nach dem Tod des Körpers weiterexistiert, eine Erfahrung im Fegefeuer macht und von dort aus zu einem niederen Himmel geht, um in einem angenehmen Traum zu verweilen – danach kommt der zweite Tod, der Tod der Persönlichkeit dieser Inkarnation, einschließlich des niederen Verstandes, der sich auflöst; ab da ist das höhere Selbst frei und begibt sich einige Zeit in den höheren Himmel, bevor es reinkarniert.

Die Wesen, die der Spiritist trifft, gehören dem niederen Himmel an; ich glaube nicht, dass es Zeichen für Kontakte mit Wesen aus höheren Ebenen gibt.

Die Aufgabe der spiritistischen Bewegung ist es, mit Wesen auf diesen Ebenen zu arbeiten, weil sie die Barriere zwischen den Lebenden und den Toten niederreißen sollten. Dem Okkultisten andererseits ist es verboten, mit den lebenden Toten zu verkehren. Er tritt in Kontakt mit Wesen der menschlichen Art, die sich in ihrer Entwicklung jenseits der Phase der Reinkarnation befinden, oder mit verschiedenen anderen Daseinsformen, die sehr interessant sind.

Der Okkultist entdeckt daher, dass er, wenn er fähig ist, in einem höheren Bewusstseinszustand zu agieren, Wesen begegnen wird, die sich sehr von ihm unterscheiden. Diese Wesen wurden schon klassifiziert. Wir können sie als Elementale betrachten. Sie sind von ganz anderer Art als die Menschheit. Sie haben keinen göttlichen Funken; sie werden sich am Ende dieser Evolution auflösen und aufhören zu existieren, außer wenn sie in sich selbst eine spirituelle Natur entwickeln.

Diese Wesen entstehen folgendermaßen: immer wenn es eine Reihe ständig koordinierter Aktionen und Reaktionen gibt, entsteht das, was wir als „Spuren im Raum“ bezeichnen; diese bleiben bestehen, nachdem die Tätigkeiten, die sie hervorgebracht haben, aufgehört haben. Wir können sie mit einem Wirbel in einem Wasserbecken vergleichen: nachdem das Verwirbeln aufgehört hat, besteht der Wirbel im Wasser für einige Zeit weiter. Das ist überall in der Natur die Grundlage des Seins, und auf dieser Grundlage entwickeln sich die Möglichkeiten der Reaktion auf die Umwelt und des Gedächtnisses.

So erschließt sich uns nach und nach das schwierige Konzept der Entstehung von Bewusstsein aus Naturphänomenen. Die erschaffenden Geister, die in erster Linie mit den großen natürlichen Phänomenen gearbeitet haben, als sie erschaffen wurden, sind Engelwesen.

Sie zogen sich auf die höheren Ebenen zurück und ließen das elementare Bewusstsein mit der stereotypen Reaktionsweise fortfahren.

Dieses besteht fort und entwickelt sich und wir nennen es „die Schöpfung der Erschaffenen“; diese Leben wurden nicht von Gott ins Leben gerufen, sondern durch Gottes Geschöpfe, die nicht die Macht haben, ihnen ewiges Leben zu verleihen. Wann immer man ein System in der Natur betrachtet, das als Einheit reagiert, ein Berg, ein Tal, ein Wald, wird man das gleiche System von koordinierten Spannungen im Hintergrund finden und so entstehen die kleinen Naturgeister oder Devas oder Götter von

Orten, die unsere Vorfahren verehrten. Die gleiche Idee erklärt die verschiedenen Tierarten. Wenn Sie Kenntnisse in der Biologie haben, werden Sie wissen, dass es sehr einfache einzellige Wesen gibt und deren gemeinsames Bewusstsein kontrolliert nicht ein einziges Leben, sondern viele.

Es gibt bestimmte Zeiten in seiner Existenz, in denen es nur einen grünen Fleck auf einer feuchten Oberfläche gibt und dieser dann in unzählige kleine Teile zerfällt; diese leben eine Zeit lang in einer freischwimmenden Form, dann sammeln sie sich und bilden eine große homogene Masse, genannt Pseudoplasmodium.

Was wird aus dem Bewusstsein dieser Einheit in der frei beweglichen Form? Nehmen wir zum Beispiel die Bienen; hier ist der Bienenstock die Einheit und nicht die Biene. Die Einheit könnte man als Bienen-Engel bezeichnen. So entstehen verschiedene seltsame Einheiten entwickelten Bewusstseins. Was ist die logische Folge daraus? Höhere, weiter entwickeltere Arten von Naturkräften.

Es gibt eine sehr seltsame okkulte Lehre, die sagt, dass diese Wesen, die sich mehr und mehr entwickeln und den Arten des Bewusstseins, mit denen wir vertraut sind, immer mehr ähneln, sich darüber bewusst werden, dass sie verlorene Seelen sind, solange sie nicht eine spirituelle Natur entwickeln können.

Sie suchen als Einweihende diejenigen, die eine spirituelle Natur haben; der eingeweihte Mensch ist der Einweihende der Elementarwesen; Menschen nehmen sie als Schüler und helfen ihnen, ihre Funken individuellen Bewusstseins zu entwickeln.

Im Gegenzug für diese Dienstleistung erbringen die Elementale bestimmte Dienste für den Magier. In Texten findet man sie als Hausgeister. Schriftsteller, die sich mit diesem Thema beschäftigten, waren in der Regel Priester, und da sie von der Inquisition beauftragt waren, waren sie in der Regel ein wenig voreingenommen. Aber es gibt eine bestimmte Beziehung zwischen Menschen, die die inneren Ebenen verstehen und Wesen einer anderen Ordnung.

Und es gibt auch sehr oft eine involutionäre Beziehung zwischen Menschen, die von Natur aus und ohne Ausbildung übersinnlich sind und ganz spontan in Kontakt mit anderen Wesen treten. Das Resultat ist selten förderlich, denn es bringt sie aus dem Gleichgewicht. Der Kontakt ist zu stimulierend. Die Natur der Elementale ist rein, sie bestehen nur aus einem Element, während ein Mensch eine Mischung aus allen ist.

Sie sind ein zu starker Reiz für das eine Element in unserem eigenen Wesen, was dazu führen kann, dass ein Mensch aus dem Gleichgewicht gerät und verlockt wird, ihnen zu folgen und seinen menschlichen Weg zu verlassen. Er ist dann „von den Feen entführt“, oder wird zu dem, was wir einen pathologischen Fall nennen. Man kann sehen, wie sich der Verstand aus dem physischen Vehikel zurückzieht. Diese Menschen hören den „Ruf der Feen“ und es bleibt nur eine leere Hülle zurück, die geisteskrank ist.

Wenn der Magier einen Geist beschwört, zu erscheinen, begibt er sich in einen Kreis und zeichnet außerhalb ein Dreieck und bringt den Geist dazu, sich darin zu manifestieren; dann wird er das Bannritual praktizieren und ihn dahin zurückschicken, woher er kam, zu seiner eigenen Sphäre.

Aber er wird dies in der Regel nur für Forschungszwecke tun, oder um einem pathologischen Fall zu helfen. Wir müssen unterscheiden zwischen dem ernsthaften Forscher und einer Person, die nur experimentieren will. Im letzteren Fall wird daraus wahrscheinlich nur Schaden entstehen.

Welchen anderen Arten von Kreaturen gibt es? Ich habe die Engelwesen erwähnt, die großen Archonten, die schöpferischen Geister, die die Ebenen der Natur in früheren Evolutionen erschaffen haben. Es gibt alle Arten von hohen spirituellen Wesen, die sich in der Natur manifestieren. Sie werden auf unterschiedliche Weise klassifiziert. Wir bezeichnen diejenigen als Heiden, die viele Götter verehren, aber in jeder Religion gibt es immer ein Sein hinter den Göttern, den Vater der Götter, die Überseele, ein sehr abstraktes Konzept eines Seins.

Die „Götter" in jedem System sind diese Naturmächte, genannt Erzengel und Engel in dem hebräischen System, das wir benutzen. Die spirituellen Wesen hatten nie eine materielle Inkarnation, sie sind nie in die Materie hinabgestiegen.

Die alte Tradition sagt, dass den Geistern die Wahl geboten wurde, ob sie in den inneren Ebenen bleiben wollen, ohne Möglichkeit aufzusteigen oder abzusteigen, oder ob sie in die Materie hinabsteigen wollen, um dann eine höhere Ebene zu erreichen als zuvor; manche wählten die eine Richtung, geführt von Adam oder vielmehr von Eva und manche wählten die andere. So sind also die Engelscharen verwandt mit uns, und wenn man weit genug zurückgeht, stößt man auf eine Zeit, in der Menschen und Engel gleich waren.

So ist es unter bestimmten Voraussetzungen möglich, diese Engelwesen zu kontaktieren, aber in den meisten Fällen werden wir nicht das wahre Sein kontaktieren, das sehr gewaltig ist; wir kontaktieren seinen Strahl, seine Emanation. Wenn Sie reich genug sind, können Sie einen großen Opernsänger engagieren, in Ihr Haus zu kommen und in Ihrem Salon zu singen; aber wenn Sie nur genug Geld für ein Radio haben, können Sie nur die Übertragung hören.

Wenn wir den Erzengel Raphael anrufen, erwarten wir nicht, dass er persönlich erscheint, sondern wir erwarten seine Kraft, seinen Strahl zu fühlen. Das Gleiche geschieht bei den Visionen Christi, der „Gottesschau". Es ist nicht das wahre Sein, sondern nur sein Strahl, was aber für praktische Zwecke das gleiche ist. Wir müssen diese Dinge verstehen. Wir beschäftigen uns nicht mit einer tatsächlichen anthropologischen Form, sondern mit Bewusstseinsarten, und einige unterscheiden sich so sehr von unserem, dass es keine Analogie gibt. Wir dürfen sie uns nicht als Märchenfiguren vorstellen; es sind Bewusstseinsarten, die für uns vollkommen unverständlich sind.

Darüber hinaus gibt es eine unzählige Reihe von Gedankenformen, die vom menschlichen Bewusstsein hervorgebracht wurden, künstliche Elementale, die absichtlich von Menschen erschaffen wurden. Sie existieren über einen gewissen Zeitraum, sodass es eine Legion von verschiedenen Arten von Wesen gibt, die weder Engel noch Teufel sind. Die Idee, dass alles, was nicht physisch ist, entweder göttlich oder böse ist, ist nicht wahr.

Die Nicht-Menschlichen sind den Menschen sehr ähnlich, sie sind weder perfekt noch allwissend, sondern entwickeln sich weiter. Und schließlich – die Wesen, die die Kabbalisten Qliphoth nennen. Sie sind dämonisch und hausen im Reich der unausgeglichenen Kraft, die entstand, bevor das Gleichgewicht hergestellt wurde; es sind verschiedene Arten von Disharmonie, die verstärkt wurden durch die Menge an bösen Gedanken seitdem.

Wenn man mit dem Unsichtbaren in Berührung kommt, ist es unwahrscheinlich die göttlichen Wesen irgendeiner Sphäre zu kontaktieren, ohne auch mit den Qliphoth dieser Sphäre in Berührung zu kommen. Wenn man eine Sephira kontaktiert, kommt man auch mit ihrer unausgeglichenen Seite in Berührung.

Man sollte nicht in Kontakt mit höheren Sphären treten, wenn man nicht fähig ist, die niederen zu bezwingen. Dies ist eine große Wahrheit des spirituellen Lebens. Der eingeweihte Adept weiß das. Er strebt immer das Gleichgewicht dieser großen Kräfte an. Am Ende werden alle Königreiche der Erde und unter der Erde erlöst. Unser Herr predigte den Geistern im Gefängnis, um sie zu erlösen. Sie sind Kräfte, die am falschen Ort sind und die, wenn sie an ihren richtigen Platz zurückkehren, aufhören, böse zu sein. Der Adept darf die Teufel nicht verfluchen; er muss sie an ihren Platz zurückbringen, um sie ins Gleichgewicht zu bringen.

Der Adept spricht nie von der Hölle, sondern von den Königreichen der unausgeglichenen Kraft. Der Baum des Lebens ermöglicht uns, die zweiunddreißig Pfade zu beschreiten, welche unterschiedliche und bekannte Pfade sind und der Adept bewegt sich präzise zwischen den Elementalen und weiß, wo er sich befindet; er kann sein Gleichgewicht bewahren.

Welchem nützlichen Zweck dient es, diese Kräfte zu kontaktieren? Erstens ist es manchmal notwendig, dass der Adept neue Möglichkeiten eröffnet, um etwas zu klären, das bei einer Seele schiefgelaufen ist. Er muss vielleicht eine Sphäre öffnen, um wie ein Chirurg vorzugehen und das ins Gleichgewicht zu bringen und in die entsprechende Sphäre zurückzubringen, was schiefgelaufen ist.

Außerdem kann er mit den Kräften einer Sphäre umgehen, um die konzentrierten Kräfte dieser Sphäre in sein eigenes Sein zu bringen, damit er mit ihnen arbeiten kann. Drittens kann es sein, dass er eine besondere Arbeit zu tun hat, die er nur auf diese Weise durchzuführen kann. Kurz gesagt, um etwas in Harmonie zu bringen, um seine eigene Natur zu stärken und aus anderen Gründen. Dieses Königreich ist sehr vielfältig.

Die Bedingungen, unter denen die Kommunikation korrekt stattfinden kann, sind schwierig; der Schalter sollte eindeutig ein- und ausgeschaltet werden; aber manche Dinge, die sonst nicht möglich wären, können auf diese Weise durchgeführt werden.

Planlose Kommunikation ist mehr oder weniger ein Verbrechen und die Folgen können verheerend sein. Warum sollte man dann dieses Wissen dann nicht besser geheim halten? Weil es so verbreitet ist, dass es wahrscheinlich besser ist, zu wissen, was los ist.

Wenn man in der Dunkelheit auf Dinge stößt, ist es besser, sie zu beleuchten, um zu sehen, was geschieht und die Kontrolle zu haben. Diese Kräfte existieren. Man kann sie beherrschen. Es ist gut das zu wissen, da es schon so viel Wissen darüber gibt.

8. Die schwarze Magie

Die schwarze Magie ist nichts, was eine normale Person studieren oder für ihre eigenen Interessen einsetzen würde, aber es ist kaum möglich und sinnvoll, die technischen Methoden des Okkultismus zu studieren, ohne die pathologischen Folgen zu berücksichtigen, zu denen sie führen können.

Die öffentliche Aufmerksamkeit, die Okkultismus erhält, ist zum größten Teil auf seinen schwarzen Aspekt beschränkt; Enthüllungen über diesen Aspekt erreichen stets die Art von Aufmerksamkeit, die auch ein Unfall auf der Straße erreicht.

Jeder, der irgendeine Kenntnis über Okkultismus hat, ist jedoch immer von der Tatsache überrascht, dass die Möchtegern-Enthüller nie das wirklich Böse berühren.

Sie spüren das Böse, so wie Tiere einen Schlachthof spüren, aber sie sind sich weder der Bedeutung der Tatsachen bewusst, die sie wahrnehmen, noch haben sie Verständnis dafür, warum die betroffenen Menschen so etwas tun.

Die Technik der schwarzen Magie unterscheidet sich in keiner Weise von der der weißen Magie; es gelten die gleichen Grundsätze, die gleichen Methoden werden angewendet; die gleiche Übung in Konzentration ist notwendig; der Unterschied liegt in der Haltung der Ausführenden, der verwendeten Symbolik und die kontaktierten Mächte; ebenso wie die gleiche musikalische Ausbildung notwendig ist, um Leiter eines Symphonieorchesters oder einer Jazz-Band zu werden.

Und selbst wenn wir sagen, dass bestimmte Symbole und Mächte dem Bereich der schwarzen Magie angehören, müssen wir Vorbehalte äußern, denn diese Symbole können auch rechtmäßig angewendet und die Mächte angerufen werden, so wie bestimmten Risiken von Chirurgen in Kauf genommen werden müssen.

Man kann mit Sicherheit sagen, dass diese magischen Methoden, wenn sie einem Publikum vorgeführt werden, bedenkenlos als schwarz eingestuft werden können, denn sie wecken die niederen Instinkte der Zuschauer, welche hier keinen nützlichen Zweck erfüllen.

Es gibt auch bestimmte Techniken, die mit Sex- und Blutmagie zu tun haben und obwohl sie bei primitiven Völkern harmlos scheinen, sind sie bei zivilisierten Menschen sicherlich fehl am Platz und werden nur aus Sensationsgier eingesetzt. Dazu kommt noch die vorsätzliche Anrufung des Bösen; dies wird in der Regel nur zum Zweck der Rache durchgeführt.

Aber es gibt bestimmte Arten von Menschen mit einer natürlichen Neigung zur Grausamkeit; diese greifen zum Zweck der Rache leicht zur Beschwörung des Bösen, und wenn sie Ergebnisse erzielen, entwickeln sie eine Vorliebe dafür und werden abhängig wegen des Nervenkitzels, den es ihnen verschafft.

Wenn wir diese seltsame Eigenschaft der menschlichen Natur nicht erkennen – die viel häufiger auftritt, als allgemein angenommen wird – und von den Psychologen als Sadismus bezeichnet wird, werden wir bestimmte Aspekte der schwarzen Magie nie verstehen, denn der Schlüssel dafür ist im Sadismus zu suchen.

Die Anrufung von bestimmten primitiven Arten von Naturkräften ist eine Handlung, auch wenn sie nicht eigentlich schwarz ist, die sehr leicht negativ werden kann und nur von erfahrenen und vorsichtigen Personen durchgeführt werden sollte, die unter Laborbedingungen arbeiten. Es ist ein wichtiger Teil der Ausbildung jedes Adepten, denn wenn kosmische Kräfte angerufen werden, kommen sie immer paarweise, wobei Aktion und Reaktion gleich und entgegengesetzt sind; aber er würde nicht im Traum daran denken, den unausgeglichenen oder qliphothischen Aspekt allein oder um seiner selbst willen anzurufen, denn das wäre zu riskant.

Für praktische Zwecke, wenn man mit Elementarkräften umgeht, sollte man es mit ihren sublimierten Formen tun, Sekhmet, die löwenköpfige Feuer-Göttin ist zum Beispiel eine bevorzugte Form für Kali. Diese rohen Formen der Gewalt müssen jedoch vom Okkultisten verstanden werden, sonst wird er Probleme mit ihnen haben.

Jeder, der den Okkultismus ernsthaft studiert, muss diese Dinge verstehen, und Menschen dürfen nicht als schwarz eingestuft werden, weil sie sie studieren; sie wären in der Tat sehr oberflächliche Studenten, wenn sie es nicht tun würden; aber jeder, der die schwarze Magie öffentlich zur Schau stellt, muss sicherlich verurteilt werden; denn es ist nicht notwendig, dass irgendjemand, außer einem Spezialisten, mit diesen Dingen vertraut ist und es ist besser für die Menschheit, dass es so bleibt; denn wer sich damit befasst, neigt dazu, Kontakt herzustellen und wenn man die Vorsichtsmaßnahmen nicht beachtet, wie die Eingeweihten, die damit umgehen, kann man sich leicht „infizieren".

Man kann Magie nicht durch eine klare Trennlinie in weiß und schwarz unterteilen; es existiert das, was man als graue Magie bezeichnet und worauf die Menschen sich aus Unwissenheit oder Sensationslust einlassen. Man muss also die graue Variation anerkennen, denn davon gibt es in der Welt viel mehr als weiß oder schwarz; aber man muss auch Folgendes erwähnen – während weiß weiß ist, es nur eine Frage der Abstufung, damit aus grau schwarz wird.

Es gibt eine Feuerprobe, die auf jede Art von Handlung angewendet werden kann – in der weißen Magie wird eine

Handlung immer unter Berücksichtigung des kosmischen Gesetzes geplant und ausgeführt; jede Handlung, bei der das nicht berücksichtigt wird, sondern die ohne Beachtung der zugrunde liegenden spirituellen Prinzipien durchgeführt wird, kann als grau eingestuft werden; und jede Handlung, die absichtlich kosmische Gesetze missachtet, kann als schwarz eingestuft werden.

Lassen Sie uns dies durch Beispiele verdeutlichen. Einige Menschen, die meinen, dass es der mentalen Diät des modernen Lebens an „spirituellen Vitaminen" mangelt, versuchen Inspiration bei den alten heidnischen Göttern zu finden. Dies ist keine schwarze Magie, vorausgesetzt, man erkennt, dass Aphrodite Anadyomene eine Sache ist und Aphrodite Cotytto eine andere ist. Es ist in der Tat eine nützliche medizinische Maßnahme für den modernen Verstand. Außerdem nehmen wir ständig kleine Dosen davon zu uns, ohne es zu wissen, weil ein großer Teil der Kunst und Poesie von diesen Klassikern inspiriert wurde. Dies ist eine Handlung, die von engstirnigen Personen möglicherweise als schwarze Magie bezeichnet werden könnte, aber niemand, der Einblick in das Leben oder psychologisches Wissen hat, würde es so betrachten.

Auf der anderen Seite kann man die wahllose Teilnahme an Séancen, Wahrsagerei und Ähnlichem in unserer Definition als grau einstufen, weil hier nichts berücksichtigt wird, außer persönlichen Wünschen und nie die spirituelle Qualität dessen, was getan wird, hinterfragt wird.

Es zeigt sich nichts offensichtlich Böses und in der Tat sieht man viel Frömmigkeit, eine Form von Frömmigkeit, bei der Gott angerufen wird, um das zu segnen, was man tun will, aber es wird nie gefragt, ob es mit Seinem Willen übereinstimmt – es wird als selbstverständlich angenommen, dass das was man tut eine „harmlose" Unterhaltung ist oder sogar positiv erhebend, da es den Verstand über den Materialismus erhebt und so den Glauben stärkt; die Nachwirkungen sind weitreichend, und obwohl sie nicht notwendigerweise moralische Beeinträchtigungen von Personen mit gesundem Charakter zur Folge haben – und von diesem Vorwurf, der so oft vorgebracht wird, müssen wir sie freisprechen – verursachen sie eine deutliche Verschlechterung der Qualität des Verstandes, und vor allem der Fähigkeit der Logik und des Urteilsvermögens.

Jede Form psychischer Promiskuität oder übersinnlichen Dilettantismus ist meiner Meinung nach definitiv unerwünscht und macht eine Person untauglich, die sich dem widmet, um ernsthaft zu arbeiten.

9. Ein magischer Körper

James Branch Cabell schrieb eine Geschichte über den langweiligen und gewöhnlichen Felix Kennaston, der sich selbst eine erfundene Persönlichkeit namens „Horvendile“ erschaffen hat, durch die er große Abenteuer erlebte.

Dieses Spiel ist üblich bei Kindern, aber die Gefängnismauern des täglichen Lebens schließen sich mit der Zeit um uns und die Möglichkeiten faszinierender Erfahrungen und Experimenten gehen genau dann verloren, wenn sie beginnen, fruchtbar zu werden. In den Fantasiewelten von Filmen und Romanen finden wir einen Ersatz für die Schöpfungen unserer eigenen Fantasie, der wir nicht mehr trauen, weil wir zu abgestumpft oder unsicher sind.

Wenn man dem Verstand in einem psychopathischen Zustand die Zügel locker lässt, erschafft die schöpferische Fantasie seltsame Dinge, die für uns verhängnisvoll werden können. Sie kann uns mit Phantasmen aus der urzeitlichen Vergangenheit erschrecken, oder uns in Lotusesser verwandelt, die die Wirklichkeit vernachlässigen. Wenn der Kern des Bewusstseins die Kontrolle behält, kann dieses zerstörerische Element der Psyche diszipliniert werden und Kunstformen erschaffen, die so anspruchsvoll und stilisiert sind, dass ihr ursprünglicher Inhalt kaum erkennbar ist, außer wenn es mit dem traditionellen Material der Mythen und der Folklore arbeitet. Durch dieses Verbindungsglied können wir die Beziehung zwischen der schöpferischen Fantasie eines Künstlers und der Technik eines Adepten, der die Mythen als Formel benutzt, herstellen. Beide arbeiten auf dem gleichen Niveau des unterbewussten Verstandes und jeder hat etwas von dem anderen in sich; vielleicht hängt der Grad der Kreativität in jedem Zweig der Kunst oder Magie von dem Verhältnis ab, in dem das jeweils andere vorhanden ist.

Es gibt eine Technik im Repertoire des Adepten, mit der er sich selbst solch ein Vehikel der Erfahrung erschafft, so wie Cabell seinen trostlosen Helden die imaginäre Persönlichkeit von „Horvendile“ erschaffen lässt.

Ausgestattet mit einem solchen Instrument, das aus dem Stoff der Träume besteht, können wir die Traumwelt der Astralebene betreten und dort eine dramatische Vorstellung unserer unterbewussten Leben verwirklichen. Ob dies gut für die psychische Gesundheit ist oder nicht, hängt vom Grad unserer Vernunft ab. Die Flucht aus der Realität in die Fantasie kann ein gefährliches psychologisches Mittel sein, aber ein Urlaub von der Realität kann empfehlenswert sein, als Ausgleich und Erholung.

Aber wenn die inneren Ebenen tatsächlich die kausalen Ebenen dieser Welt der Form und Materie sind, können die Ergebnisse solcher Expeditionen weitreichend sein, weil wir alle unterdrückten Einflüsse in Bewegung gesetzt haben und deren Auswirkungen werden letztlich unsere Grenzen von Zeit und Raum in immer weiteren Kreisen betreffen. Solche Unternehmen sind nicht zu verachten und geduldiges und mutiges Experimentieren kann zu Ergebnissen führen, die den Aufwand und das Risiko wert sind – wenn es ein Risiko gibt. Persönlich glaube ich, dass es für eine gut integrierte Persönlichkeit, die die Psychologie des Verfahrens versteht, wenig oder gar kein Risiko gibt; das Risiko ist nicht größer als bei jeder anderen Arbeit der schöpferischen Fantasie, die man sich zutraut – das Haus eines schlechten Architekten kann einstürzen, oder die Brücke eines unfähigen Ingenieur kann zusammenbrechen, oder jedes andere Werk eines menschlichen Genies kann sich aufblasen und seinen Schöpfer töten, wenn es explodiert; aber wir verzichten deshalb nicht auf mechanische Erfindungen und betrachten sie als zu riskant, um ein berechtigtes Gebiet menschlicher Bemühungen zu sein.

Hier folgen einige unverbindliche Anmerkungen über solche Experimente, denn die Arbeit steckt noch in den Kinderschuhen, aber vielleicht sind sie nützlich und werfen Licht auf dunkle Aspekte des menschlichen Verstandes, sowohl des Normalen als auch des Abnormalen.

Ich bin seit Langem mit dem Verfahren vertraut, mich nachts in den „Horvendile-Körper" zu begeben, aber ich war nicht in der Lage, es erfolgreich zu praktizieren, bevor ich meinen „magischen Namen" bekam! Der magische Name, sei er durch den Lehrer gegeben oder selbst entdeckt, scheint ein wichtiger Punkt im Prozess der Entwicklung des Horvendile-Körpers zu sein; er scheint die gleiche Rolle zu spielen, wie das Sandkorn bei der Bildung einer Perle. Die Psychologie der Verwendungen des magischen Namens benötigt tiefere Studien, als ich im Moment geben kann, ohne abzuschweifen. Es muss genügen zu sagen, dass seine Verwendung traditionell ist und ich seine Wirksamkeit in der Praxis bewiesen habe.

Wie den meisten Menschen mit lebhafter Fantasie ist mir der Luxus von Träumereien, in denen ich das Zentrum romantischer Abenteuer bin, nicht fremd; wie die meisten Science-Fiction Autoren habe ich etwas von mir selbst in meine Charaktere eingefügt; aber die Erschaffung einer magischen Persönlichkeit ist eine andere Sache; denn wenn sie einen Wert haben soll, muss sie in jeder Hinsicht größer sein als man selbst und wie kann ein Teil größer sein als das Ganze, dem es entstammt?

Das Problem kann gelöst werden, indem man in die Vergangenheit unserer Evolutionsgeschichte zurückgeht, in eine Zeit, als der Verstand nicht die primitiven Bewusstseinsebenen ausgelöscht hatte, und indem man mit dem heutigen Verstand die übersinnlichen Aktivitäten lenkt.

Das ist in der Tat die Methode des Psychopathen, nur umgekehrt, denn in seinem Fall sind es die primitiven Stufen, die sich erheben, das Bewusstsein überschwemmen und den Thron des Kerns des Bewusstseins übernehmen.

Es kann sein, dass die Verwendung des magischen Namens eine gewisse Beziehung zum Prozess der Rückkehr in die Vergangenheit und dem Wiedererwecken des Bewusstseinsmodus einer Phase der Entwicklung hat, über die man längst hinausgewachsen ist.

Primitive Namen sind nachahmende Töne oder beschreibende Ausdrücke und so können die barbarischen Silben der magischen Namen dazu dienen, Erinnerungen in einer Seele zu erwecken, die einen langen Weg hinter sich hat. Wir können nichts in der Evolution enthüllen, das nicht in der Involution verhüllt wurde; wir haben vergessen, dass jeder Manifestation eine Phase der Vorbereitung vorausgehen muss. Wir besaßen Kräfte in den primitiven Phasen unserer Entwicklung, die geopfert werden mussten, um die höheren Kräfte des menschlichen Verstandes zu entwickeln. Wenn wir, unter Beibehaltung dieser Kräfte, die verlorenen Geheimnisse zurückgewinnen können, haben wir die Mittel, um ein Horvendile-Bewusstsein zu erschaffen, das die Grenzen seines Schöpfers transzendiert, denn wir haben die Vergangenheit und die Gegenwart zusammengefügt oder, wenn man eine andere Terminologie bevorzugt, wir haben das Bewusstsein auf Bereiche ausgeweitet, die normalerweise vom Unterbewusstsein benutzt werden.

In meiner eigenen Erfahrung brachte es mich, als ich diesen magischen Namen innerlich aussprach, dazu, mich selbst in einer idealisierten Form vorzustellen, nicht als eine andere Person, sondern in einem größeren übermenschlichen Maßstab, aber erkennbar als ich selbst, wie eine überlebensgroße Statue. Nachdem ich sie einmal wahrgenommen hatte, konnte ich mir diese idealisierte Version meines Körpers und meiner Persönlichkeit willentlich vorstellen, aber ich konnte mich damit nicht identifizieren, außer wenn ich meinen magischen Namen aussprach. Sobald ich sie als meine Eigene bestätigt hatte, erfolgte unmittelbar die Identifikation.

Das Bewusstsein übertrug sich auf die so visualisierte Form und ich trat nackt in die Welt der Träume ein. Diese Nacktheit konnte ich, wie bei einer antiken Statue, durch einen einfachen Akt der Fantasie, mit jedem Gewand oder Kleidungsstück, das ich wollte, verhüllen, um die Rolle, die ich spielen wollte zu symbolisieren.

Die unbewusste Ebene des Verstandes entwickelte sich, als die Menschheit sich in der Astralebene befand, als der involutionäre Bogen in die Materie eintauchte und der unterbewusste Verstand seine astrale Art der Vorstellung beibehielt, die sich in Form von emotionalen Werten und bildlichen Darstellungen ausdrückt; und indem wir die Funktionsweise des unterbewussten Verstandes verstehen, können wir die Funktionsweise des elementaren Bewusstseins verstehen. Auch indem wir den Zugang zu den unterbewussten Ebenen des Verstandes zurückerobern, werden wir fähig auf der astralen Ebene zu handeln.

Aus diesem Grund sind die Eindrücke der Astralebenen immer stark mit subjektiven unterbewussten Elementen vermischt.

Der durchschnittliche menschliche unterbewusste Verstand in zivilisierten Gemeinschaften ist vor allem subjektiv, aber das durchschnittliche menschliche Unterbewusstsein in Naturvölkern ist weitgehend objektiv, das heißt, es ist sich seiner astralen Umgebung bewusst; daher die Häufigkeit der Magie bei Naturvölkern, denn sie sind natürliche Magier. Der Okkultist lernt im Laufe seiner Ausbildung die Grenze des Bewusstseins wieder in den unterbewussten Verstand zu erweitern; aber während bei der primitiven Menschheit der Verstand mit dem Unterbewusstsein endete, weiten sich im entwickelten Menschen die Kräfte des Verstandes auf andere Ebenen aus und übernehmen die unterbewussten astralen Fähigkeiten.

Die Einweihung in die Astralebene bedeutet jedoch mehr als die Nutzung der psychischen Kräfte. Die Astralebene ist die Ebene der Regulierung des großen Vorrats an ätherischer Energie, und wenn wir das Recht erwerben, die Astralebene zu betreten, erhalten wir auch Zugang zu und Kontrolle über die ätherischen Unterebenen der physischen Ebene. Aus diesen Unterebenen stammen die vitalen Kräfte der physischen Organismen und der Kontakt mit diesen großen natürlichen Vorräten an Kraft verleiht die besonderen magnetischen Eigenschaften, die so deutlich wahrnehmbar in den Seelen sind, die Kontakte mit Elementalen pflegen.

Die Kontakte zum grünen Strahl bezeichnet man auch als keltische Einweihung und aus diesem Grund gehörten die Einweihungen bei den Griechen und Druiden der höheren Astralebene an, im Gegensatz zu den Einweihungen einer früheren Epoche, welche Einweihungen der niederen Astralebenen waren, wie die schrecklichen Gottheiten von Akkad und Babylon bezeugen. Die Griechen mit ihrer Kunst und die Kelten mit ihrer Musik und ihrem Tanz waren die wahren Eingeweihten des grünen Strahls und der Einfluss der astralen Kontakte ist bis zum heutigen Tag deutlich im Temperament der keltischen Rassen sichtbar.

Der grüne Strahl ist im Wesentlichen der Strahl der Künstler, denn es ist der unterbewusste oder astrale Verstand, welcher der schöpferische Faktor in der Kunst ist und entsprechend dem Anteil der Geistesarbeit, die vorherrscht, der Grad der Inspiration ist. Die Technik gehört dem bewussten menschlichen Verstand an, aber der wahre kreative künstlerische Impuls gehört dem alten astralen Verstand der Rasse an, der verborgen hinter der Schwelle des überlagerten Bewusstseins liegt. Ohne die Technik, die so mühsam durch die Disziplin von Hand und Auge erlangt wurde, kann es in der Materie keine Manifestation des kreativen astralen Impulses geben. Es gibt viele Personen, die, obwohl sie astrale Kontakte haben, diese nicht zu Formen auf der physischen Ebene bringen können. Diese Personen neigen dazu, dieser Ebene entrissen zu werden und in die astrale hineingezogen zu werden, wie man in jenen Extremen des künstlerischen Temperaments sieht, die zu psychischem Ungleichgewicht neigen.

Ebenso gibt es bestimmte Arten der Geisteskrankheit und bestimmte Symptome von verschiedenen Geisteskrankheiten physischen Ursprungs, die im Lichte unseres Wissens über das Astralreich erklärt werden können, denn so, wie es bestimmte Drogensorten aus Haschisch gibt, die die psychischen Zentren für die Wahrnehmung der Astralebene öffnen, so gibt es bestimmte toxische Beschaffenheiten des Blutes, die auf die gleiche Weise wirken und dies erklärt viele der Halluzinationen der Geisteskranken, die wirklich einen pathologischen Psychismus erleben und die in ihrer Umgebung die Bewohner der Astralebene und auch ihre eigenen Gedankenformen sehen, die in ihrer eigenen Aura wimmeln. Die Psychologie erklärt die letzteren Phänomene recht zufriedenstellend, aber sie versteht die Ersteren nicht und greift auf weit hergeholte Erklärungen zurück, um sie in Einklang mit den vorherigen Arten von Erscheinungen zu bringen. Die Psychologie der Geisteskrankheit ist in der Lage, Licht auf viele der Phänomene der psychischen Erfahrungen zu werfen und das ist nicht abfällig gemeint, sondern weil es einfach die Wahrheit ist, denn die Halluzinationen der Geisteskrankheit sind eine Art astraler Phänomene, die im Lichte der modernen Wissenschaft entziffert wurden.

Viele andere Aspekte warten auf diesen Prozess der Aufklärung; und wenn die Wissenschaft und vor allem die Wissenschaften, die mit den menschlichen mentalen und physischen Persönlichkeiten zu tun haben, die Funktion und Natur der astralen Einflüsse, die in der dichten Materie und auf die dichte Materie wirken, erkennen, wird das ein großer Schritt sein und eine neue Ära der wissenschaftlichen Entdeckung wird beginnen. Im Augenblick befinden wir uns unmittelbar vor dieser Erkenntnis, wie ein Wassertropfen, der am Rand eines Bechers hängt; wenn die Schwerkraft die kapillare Anziehung überwindet, wird das Wasser zu fließen beginnen. Wenn es ein Verständnis der unsichtbaren, unergründbaren Tatsachen gibt, wird eine neue Ära der wissenschaftlichen Entdeckungen und therapeutischen Erfolge beginnen. Ein Mangel dieser Erkenntnisse verwirrt die Wissenschaft im Augenblick und behindert so wichtige Zweige der Forschung, wie die über Krebs und endokrine Drüsen, die beide, wie der Okkultist weiß, eng mit der Astralebene verbunden sind.

Wir könnten auch fragen, warum ein ernsthafter Schüler des Okkultismus (und keiner anderer ist in den Mysterien willkommen) Kontakte mit dem grünen Strahl in der heutigen Zeit suchen sollte, wenn ihm sowohl die hermetischen, als auch die christlichen Kontakte zur Verfügung stehen. Der hermetische Student sucht sie, um seine Einweihungen abzuschließen, damit er in der Lage ist, die Kräfte aus den höheren Ebenen zu ihrer endgültigen Manifestation auf der physischen Ebene zu bringen. Vor allem ist dieser Kontakt für ihn notwendig, wenn er auch ein esoterischer Therapeut ist, denn sowohl der Prozess der Heilung als auch der Wiederherstellung ist eng mit astralen Bedingungen verbunden, die das Bewusstsein direkt und den physischen Körper indirekt durch ihre Wirkung auf den ätherischen Doppel beeinflussen. Der esoterische Therapeut muss deshalb notwendigerweise Kontakt mit der Astralebene haben.

10. Das okkulte Feld in der heutigen Zeit

Durch die Veröffentlichung zweier sehr wichtiger Bücher über Magie, „The Tree of Life“ von Israel Regardie und „Magick“ von Meister Therion (Aleister Crowley), ist es ratsam für die „Fraternity of the Inner Light“ ihre Position bezüglich dieser Themen zu definieren. Es ist offensichtlich für alle, die diese Bücher miteinander und mit der Methode, die in meinem Buch „Die mystische Kabbala“ erklärt wird, vergleichen, dass in allen drei Werken das gleiche System benutzt wird.

Daher ist eine Erklärung wünschenswert, damit niemand des Plagiats oder des Diebstahls beschuldigt wird; oder in Verbindung mit einem der anderen gebracht oder als deren Vertreter gehalten wird.

Die Erklärung ist ganz einfach: alle drei haben die gleiche Quelle, die ich immer als die westliche esoterische Tradition bezeichnet habe. Diese Tradition wurde neu organisiert und den englischen Studenten zur Verfügung gestellt von dem verstorbenen S. L. MacGregor Mathers, in dessen Hände eine Reihe verschlüsselter Schriften fiel und der das okkulte Wissen besaß, das für ihren Gebrauch erforderlich ist. Mathers behauptete, in Kontakt mit den Quellen zu sein, aus denen diese Schriften stammten und es gibt bestimmte objektive Beweise für diese Behauptung; aber das ganze Thema wird in ein Mysterium gehüllt durch die extreme Geheimhaltung, die er bewahrt hat und durch die drastischen Einweihungseide, die er von allen forderte, denen er beibrachte, was er gelernt hatte; und sogar diesen gegenüber war er extrem verschlossen in Bezug auf viele wichtige Punkte.

Aber wie dem auch sei und ob er sein System zufällig entdeckte, wie er sagte, oder ob es aus seinem eigenen Kopf stammte, in der Praxis stellte es sich als höchst effizientes und zufriedenstellendes System des praktischen Okkultismus heraus und als Einweihungsweg. In okkulten Angelegenheiten geht Probieren über Studieren; hochtrabende Titel und grenzenlose Behauptungen, wie sie von bestimmten amerikanischen Organisationen bezüglich dieser Themen verbreitet werden, haben für diejenigen, die Kenntnisse über das Thema und seine Geschichte oder praktische Erfahrungen in der Anwendung haben, keinerlei Gewicht.

Es ist einer der Punkte, der für die Echtheit der Behauptung von MacGregor Mathers spricht, dass er sich in die höchste undurchdringliche Geheimhaltung hüllte und nicht einmal zur Selbstverteidigung aus der Reserve gelockt werden konnte.

Der Nachweis über die Quellen, aus denen MacGregor Mathers seine Schriften bekam, ist, soweit meine Forschungen gehen, unzureichend und widersprüchlich und es wurde eine Menge über jene Schriften gesagt, das nicht belegt werden kann.

Aber dafür, dass diese Schriften existieren, kann ich mich verbürgen, weil ich zuverlässige Menschen kenne, die sie tatsächlich gesehen haben; aber da sie verschlüsselt waren, wussten meine Informanten weder viel darüber, noch konnten sie sagen, wie viel MacGregor Mathers ihnen entnahm und wie viel er selbst hinzugefügt hat.

Genaue Informationen über das Thema zu bekommen war nicht einfach, vor allem weil ich spät, nach MacGregor Mathers Tod, in Erscheinung trat und es war mehr wie der Versuch, den Nachweis über die Art der Stoffe zu erbringen, aus dem die Gewänder des Kaisers gemacht wurden aus des „Kaisers neue Kleider“. Alle verpfändeten ihre unsterbliche Seele in Bezug auf die Wahrheit der Legenden, die in dem Orden, den er gegründet hatte, in Umlauf waren; sie akzeptierten sie kritiklos, denn da sie von Mund zu Mund weitergegeben wurden, gewannen sie durch die Wiederholung an Autorität.

Soweit ich beurteilen konnte, durch das, was ich über das Thema erfahren konnte und was ich bei den betreffenden Menschen gesehen habe, hatte MacGregor Mathers eine breite Palette seltener, aber nicht sehr genauer oder tiefer Kenntnisse, die es professionellen Wissenschaftlern erlaubte Kritik zu üben; aber er gelangte zum Kern der Sache, denn er sah die mystische und philosophische Bedeutung hinter dem, was er in den Bereichen der Alchemie, Kabbala und Ägyptologie erreicht hatte. Zu ihm gelangten durch die seltsamen Verkettungen von unsichtbaren Kräften, die Zufall genannt werden, die berühmten chiffrierten Schriften und in ihnen fand er die Formeln, die die Grundlage seiner Rituale bildeten. So erlangte er die Schlüssel für das Schloss, als das sich die seltsame Masse an metaphysischen Daten herausstellte.

Er steckte den psychischen Schlüssel in das metapsychische Schloss und siehe da, er drehte sich und die Tür des übernatürlichen Bewusstseins öffnete sich.

Wie viel von den Zeremonien wörtlich aus chiffrierten Schriften war und wie viel Mathers von seinem Wissen eingefügt hatte, mithilfe der Schlüssel, die er aus den Schriften hatte, weiß ich nicht; aber durch meine eigenen Erfahrungen damit bin ich sicher, dass das System, das er erschaffen hat, Elemente enthielt, die außergewöhnlich waren und nicht die Früchte reinen Schulwissens waren, wie tiefgründig dieses auch sein mag.

Wenn MacGregor Mathers der einzige ursprüngliche Autor dieses Systems war, dann war er einer der größten Männer der Welt; aber von dem ausgehend, was ich von seinem Orden weiß, glaube ich nicht, dass er es war.

Das Ziel der Zeremonien und Methoden, die von MacGregor Mathers unterrichtet wurden, war es, die bemerkenswertesten psychischen Erfahrungen und Erweiterungen des Bewusstseins in denjenigen zu bewirken, die ein Minimum an übersinnlichen

Fähigkeiten hatten; die Methoden und das Ziel dieses Verfahrens wurden auf intelligente Weise in den höheren Graden bestimmter Teile des Ordens unterrichtet; und für die so Vorbereiteten war es möglich, die Ergebnisse willentlich hervorzurufen und die Wirkung der wiederholten Experimente war kumulativ. Sie erreichten in der Tat durch übersinnliche Methoden die gleichen Ergebnisse, die andere Menschen durch die Verwendung von Drogen wie Haschisch und Mescalin erreichten und ohne die verheerenden Nachwirkungen, die entstehen, wenn man durch physikalische Hilfsmittel „dem Verstand die Zügel schießen lässt".

Im Lichte der dabei gewonnenen Erfahrungen wurden die alten Mysterien verständlich und die Möglichkeiten der übersinnlichen Arbeit, die sich eröffneten, waren einfach grenzenlos. Einzelne Studenten unterscheiden sich sehr in ihrer Fähigkeit, die Mittel, die ihnen zur Verfügung gestellt wurden, anzuwenden; einige waren erfolglos; einige waren staubtrockene Gelehrte, die zu ängstlich waren, um praktische Ergebnisse mithilfe der Formeln zu erzielen, und einige wurden echte Adepten. Unter den Letzteren war Aleister Crowley, der unter seinem eigenen Namen und verschiedenen Pseudonymen über Okkultismus geschrieben hat; darunter Meister Therion, Frater P., Perdurabo, und verschiedene andere.

Etwa zehn Jahre, bevor ich in Kontakt mit Mathers Organisation kam, gab es Konflikte und Gerüchte über Kriege. Die Wahrheit ist schwer zu finden, aber wenn beide Seiten behaupten, Engel zu sein, die von Teufeln umgeben sind, ist das ein Fall von „Jacke wie Hose". Wie auch immer, als Folge des Streites, veröffentlichte Crowley einen Großteil von MacGregor Mathers Geheimnissen in seiner Zeitschrift „The Equinox" und Mathers verfluchte Crowley.

Der Orden litt stark während des Ersten Weltkrieges und Mathers selbst starb in Paris während einer Epidemie an Grippe. Als ich in Kontakt mit seiner Organisation kam, wurde sie hauptsächlich von Witwen und graubärtigen Alten geführt und schien kein sehr viel versprechendes Gebiet für okkulte Bestrebungen zu sein.

Aber ich hatte beträchtliche Erfahrung mit dem praktischen Okkultismus, bevor ich ihre Bekanntschaft machte und ich erkannte sofort die Macht von einer Art, die ich nie zuvor gesehen hatte, und ich hatte nicht den geringsten Zweifel, dass ich auf den Spuren einer echten Tradition war, trotz ihrer ungeeigneten Präsentation. Aus einem ihnen bekannten Grund wurden die Erläuterungen und Interpretationen im tiefsten Inneren von den geheimen Anführern verschlossen, die darauf saßen, wie brütende Hühner auf ihren Eiern. Die Organisation hatte sich in eine Reihe von *disjecta membra* (versprengten Gliedern) aufgespalten und alle betrachteten die anderen mit Argwohn und behaupteten sie hätten nicht die wahre Orthodoxie.

Ich für meinen Teil beteiligte mich nicht an den menschlichen Belanglosigkeiten der weltlichen Ebene, sondern arbeitete mit dem System und das System gab Früchte. Ich glaube, andere Leute müssen das Gleiche getan haben, unter ihnen Mr. Regardie. Auf jeden Fall lehrte er in seine beiden Büchern „A Garden of Pomegranates“ und „The Tree of Life: Study of Magic“ das System des Golden Dawn, wie ich es in den verschiedenen Zweigen des Ordens gelernt hatte, bei denen ich Mitglied gewesen bin.

Mr. Regardie erkennt seine Verpflichtung gegenüber MacGregor Mathers und Wynn Westcott an, aber er zitiert nur aus ihren veröffentlichten Werken. Er zitiert so ausführlich aus Crowleys Werk, vor allem aus seinem vierbändigen Werk „Magick“, in dem das Beste aus den Artikeln des „Equinox“ und zusätzliches Material nachgedruckt war und seine Sichtweise drückt so exakt die besten Aspekte von Crowleys Lehre aus, dass ich daraus schließe, dass Crowleys Orden A. A. und nicht Mathers G. D. seine Quelle ist. Die A. A. jedoch hat ihr magisches System von der G. D., daher benutzt Regardie also praktisch das Mathers System, so wie ich selbst.

Regardies beide Bücher empfehle ich ohne zu zögern; insbesondere „The Tree of Life: Study of Magic“ ist ein wunderbares Werk, meiner Meinung nach ist es das beste Buch über Magie, das jemals veröffentlicht wurde. Crowleys „Magick in Theorie und Praxis“, von dem Regardie viel Gebrauch machte und dem er sich sehr verpflichtet fühlt, ist auch sehr wertvoll für die Studenten, aber nur die fortgeschrittenen Studenten können daraus Nutzen ziehen.

Es ist sehr uneinheitlich in seiner literarischen Qualität; es enthält viel Grobheit und Derbheit, wie alle Schriften Crowleys und viel davon ist absichtlich verschleiert und voller Anspielungen.

Auch die Formeln, mit denen er arbeitet, könnten von Okkultisten, die an die kabbalistische Tradition gewöhnt sind, als abstoßend und böse angesehen werden, denn er benutzte 11 anstatt 10 als Grundlage seine Reihe von Schlägen in den magischen Zeremonien und 11 ist die Zahl der Qliphoth oder der negativen Sefiroth; eine Reihe von 11 ist daher eine Anrufung der Qliphoth.

Im Text wird kein Hinweis darauf gegeben und es ist eine hässliche Falle für den unvorsichtigen Studenten.

Auch gibt Crowley den Norden als heiligen Punkt an, zu dem sich der Anwender wendet, anstatt den Osten, „wo das Licht erwacht“, wie in der klassischen Übung. Der Norden wird als „der Ort der größten symbolischen Dunkelheit“ bezeichnet und ist nur der heilige Punkt einer Sekte, der sogenannten Yezidees oder Teufelsanbeter. Es ist deshalb offensichtlich, dass der Student, der unbesonnen genug ist, mit einer Reihe von 11 Schlägen und einer Anrufung nach Norden zu experimentieren, nicht mit dem in Kontakt kommen wird, was die meisten Menschen als wünschenswerte Kräfte bezeichnen.

Crowley hat jedoch einen bemerkenswerten Einblick in die Philosophie des Okkultismus, und wenn er dies erläutert, ist er ein aufschlussreicher Schriftsteller; und ich für meinen Teil möchte nicht herabsetzen, wie sehr ich ihm wegen seiner Schriften verpflichtet bin; seine praktischen Methoden sind jedoch eine andere Sache und sie sind meiner Meinung nach zu gefährlich, um sich damit in irgendeiner Art und Weise abzugeben.

Wenn ich die Zeichen richtig deute, arbeiten MacGregor Mathers, Crowley, Regardie und ich alle mit der gleichen Formel, mit der Formel, die in den geheimnisvollen chiffrierten Manuskripten enthalten ist und die von Mathers entdeckt wurde; Regardie schöpft über Crowley von Mathers; ich denke aber, dass er sich der Veränderungen in den Formeln, die Crowley eingeführt hat, bewusst ist, denn sie erscheinen nicht in seinen Büchern und die Formeln, die er gibt, sind die, die ich von der Arbeit bei „Golden Dawn" kenne. Ich habe diese für gut und wirksam befunden; Crowleys Version halte ich für schädlich und zerstörerisch, obwohl ich nicht aus eigener Erfahrung über das Thema sprechen kann, da ich noch nie etwas mit seiner Methode zu tun hatte. Ich habe mit einer Reihe von Menschen gesprochen, die es getan haben und die Meinungen sind einstimmig in diesem Punkt, nachdem eine ausreichende Zeit verstrichen ist und Ergebnisse zu sehen sind.

Aber während ich mich vollkommen von Crowleys Methoden distanziere, möchte ich seinen Beitrag zur okkulten Literatur, der von höchstem Wert ist, nicht herabsetzen. Aus seinen Büchern kann der fortgeschrittenen Student, der zwischen den Zeilen zu lesen vermag und den Weizen vom Spreu trennen kann, viel lernen, und wenn unser Interesse sich auf die Schriften eines Autors beschränkt, müssen wir uns nicht mit seinem persönlichen Charakter oder Privatleben beschäftigen.

Eines der schwierigsten Probleme im Okkultismus heutzutage betrifft die Frage der Autorität. Worin besteht eine echte

Einweihung? Woraus besteht ein echter okkulter Orden? Wer und wo sind die Meister? Wir müssen all diese Fragen eindeutig beantworten und einen Beurteilungsmaßstab definieren, bevor wir auf diesem Weg einen Fuß vor den anderen setzen. Ich schlage nicht vor, diese Fragen hier im Detail zu diskutieren, denn das habe ich an anderer Stelle getan, aber ich werde einen Versuch machen, einen Beurteilungsmaßstab zu definieren, in Bezug auf okkulte Angelegenheiten, der es ermöglichen soll, sich im Einzelfall eine Meinung zu bilden.

Eine Autorität, die sich in Geheimnisse hüllt, neigt leicht zu Missbrauch und es ist schwer zu erkennen, in welcher Hinsicht, denn ohne Nachforschung ist jede Rechtfertigung möglich. Als Okkultismus nur mit Gefahr für Leben und Freiheit ausgeübt werden konnte, war es eine andere Sache; aber warum in aller Welt sollte eine okkulte Organisation sich heutzutage im Untergrund bewegen?

Einzelne Personen könnten es klug finden, ihre Interessen aus beruflichen oder sozialen Gründen zu verbergen, aber es ist schwer zu verstehen, warum ein bekennender okkulter Lehrer ein Geheimnis aus seiner Tätigkeit machen sollte, außer der Begründung, dass die menschliche Natur Geheimnisse liebt und ein gewisses Maß an Theatralik sein Prestige verbessert. Aber der engagierte Einweihende – und kein anderer ist der Beachtung wert – betrachtet die esoterische Wissenschaft als Philosophie und Religion und kümmert sich nicht um solche Banalitäten, er überlässt sie den Quacksalbern, die in der Geheimniskrämerei eine wirksame Form der Werbung finden.

Wir können einen Schwamm nehmen und jede Person oder Organisation, die ihre Karten nicht offen auf den Tisch legt und ihre Vorgeschichte nicht offenlegen will, von der Tafel wischen. Es ist bedauerlich, dass der allgemeine Geschmack durch okkulte Wunder in einem solchen Ausmaß verdorben wurde, dass ihm die gesunde Kost der realen Tatsachen zuwider ist.

Wenn die spirituelle Herkunft eines Ordens oder eines Initiators sowohl in Zeit als auch Raum weit entfernt ist, hat sie kein Ansehen.

Der Scharlatan nutzt dies aus und profitiert von den Behauptungen, die für uns genau so unmöglich zu überprüfen, wie für ihn zu belegen sind. Wie auch immer die Situation im Osten sein mag, die Berührungslinien auf der physischen Ebene wurden im Westen im Laufe der Zeit so vollständig zerstört, dass sie zusammengesetzt werden müssen, wie altes Porzellan.

Die Erfahrung zeigt jedoch, dass es, wenn eine bestimmte Menge an Zusammensetzung durchgeführt wurde und das Muster sich zeigt, für einen Übersinnlichen möglich ist, Kontakte auf der inneren Ebene aufzunehmen und die Verbindung wiederherzustellen. Dies ist es, was tatsächlich in den modernen Mysterien getan wird.

Weil ein Initiator oder eine Organisation behauptet, von der Bruderschaft des Himalaja oder den Rosenkreuzern oder einem anderen der viel beworbenen geheimen Orden abzustammen, folgt daraus nicht, dass diese Abstammung eine ununterbrochene Traditionslinie auf der physischen Ebene hat; ebenso folgt daraus nicht, dass der Anspruch ungültig ist, auch wenn es keine solche Abstammungslinie gibt. Für einen Okkultisten mit einem gewissen Grad an Entwicklung ist es möglich, die übersinnlichen Kontakte mit den großen Organisationen der inneren Ebenen herzustellen und unter ihrem Einfluss zu arbeiten.

Wenn dies eintritt, geschehen sehr seltsame Dinge auf der physischen Ebene und der Suchende entdeckt, dass er ständig Bruchstücke der Tradition, der er sich widmet, aufsammelt.

Meine eigene Erfahrung sagt mir, dass ich mindestens schon drei Jahre bevor ich mit dem Orden in physischen Kontakt kam, am Kontakt mit diesem Orden gearbeitet habe, in den ich schließlich aufgenommen wurde. Diese Kontakte nahm ich auch zu verschiedenen Zeitpunkten und bei zwei Gelegenheiten auf, als sie auf der physischen Ebene vollkommen getrennt waren. Man scheint auf unsichtbaren Schienen zu fahren, wenn einmal der Kontakt zu den großen Bruderschaften stattgefunden hat. Es gibt eine Menge Zeugen, die diese Tatsache bezeugen.

Ein okkulter Orden kann mit einem Eisberg verglichen werden, von dem ein Siebtel über der Wasseroberfläche und der Rest unter Wasser liegt. Sechs Siebtel der okkulten Arbeit geschieht auf den inneren Ebenen und fünf Sechstel davon bestehen aus subjektiven Erfahrungen. Das Wichtigste für jeden Studenten oder Initiator ist deshalb, auf der inneren Ebene Kontakte mit einem rechtmäßigen Orden zu haben; wenn das erreicht ist, beginnt der äußere Aspekt sich zu kristallisieren, auf die gleiche Weise, wie eine Perle sich Schicht um Schicht um das Sandkorn in der Austernschale legt.

Doch obwohl der Kontakt auf der inneren Ebene der entscheidende Punkt ist, wäre jeder Student oder Initiator auf einem schlechten Weg, wenn er keine Grundlage an weltlichem Wissen hätte, auf die er sich stützen könnte. Die okkulten Systeme sind zu kompliziert und zu detailliert für ihre übersinnliche Wahrnehmung, um konkret zu sein.

Es gibt eine große Menge an Tradition, wenn auch verstreut und verborgen, und der Student, dessen inneres Auge geöffnet ist, kann ihre Bedeutung erfassen, wenn er sie studiert. Wenn er beabsichtigt, ein Initiator zu werden und Studenten auszubilden, ist es notwendig, dass er dieses Wissen kodifiziert und auf ein verständliches System reduziert; der Wert einer okkulten Schule hängt in hohem Maße von der Art und Weise ab, in der diese rein weltliche Arbeit geleistet wird. Die alte Weisheit muss mit dem modernen Gedankengut in Übereinstimmung gebracht werden, wenn ihre Bedeutung den Studenten zur Verfügung gestellt werden soll.

Eine okkulte Schule muss also übersinnliche Personen haben, die den lebendigen Kontakt haben, und Gelehrte, die die entsprechenden Kenntnisse haben. Wenn diese beiden Voraussetzung gegeben sind, sind alte Schriften von geringer Bedeutung; wenn nicht lebendige Kontakte vorhanden sind und wenn das System nicht von Generation zu Generation auf dem neuesten Stand gehalten wird, sind die Schriften nichts als Grabsteine, die die Grabstätte eines toten Glaubens kennzeichnen.

Mystische Organisationen sind nicht langlebig; sie überleben selten die Generation, die den persönlichen Kontakt mit dem Gründer hatte. Sobald der ursprüngliche Impuls an Schwung verliert, setzt die Senilität ein und sie müssen unter unaussprechlichen Wehen wiedergeboren werden.

Alte Schläuche dienen nicht für neuen Wein und Reformen finden normalerweise durch Spaltung und nicht durch Erweiterung und Anpassung statt.

Wenn wir die Wurzeln der lebendigen spirituellen Erfahrungen suchen, ist es unklug, sie auf den Spuren der Tradition der geordneten physischen Ebene zu suchen. Der Wind weht, wo er will, nicht, wo die etablierten Autoritäten wollen. Die wahre Berührungslinie ist immer persönlich und arbeitet in einer sehr eigenartigen, aber ganz bestimmten Art und Weise.

Der verbindende Faden ist sehr dünn, aber dennoch ist er da. Es ist wie das Stückchen Sauerteig, das mit sieben Scheffeln Mehl vermischt wird – winzig, unverzichtbar und wirksam. Diese unentbehrliche Verbindung auf der physischen Ebene scheint in einem persönlichen Treffen zwischen dem Suchenden und jemandem, der Kontakt zur inneren Ebene besitzt, zu bestehen. In allen Aufzeichnungen der Gründung eines Ordens lesen wir von einem Treffen zwischen seinem Gründer und einem erleuchteten Lehrer, der ihm seine Kontakte wegen seiner persönlichen Ausstrahlung gab.

Abraham, der Vater des spirituellen Israel, traf die geheimnisvolle Gestalt Melchisedeks, der zu ihm kam mit dem Brot und Wein für die erste Eucharistie. Am Vorabend seiner Berufung suchte Jesus Johannes den Täufer auf, den letzten der Propheten Israels. Christian Rosenkreutz reiste nach Damcar oder Damaskus, auf der Suche nach einem Eingeweihten. Abramelin fand den versprochenen Meister unter den Eremiten in der ägyptischen Wüste. Rudolph Steiner traf seinen Lehrer im Schwarzwald. Frau Blavatsky begegnete einem bestimmten indischen Adepten in Kensington Gardens während der Jubiläumsfeierlichkeiten. MacGregor Mathers fand das mysteriöse chiffrierte Manuskript und kommunizierte mit einer darin enthaltenen Adresse.

Aber wir weisen deutlich darauf hin, dass der persönliche Kontakt mit einem eingeweihten Adepten, auch wenn es der Wendepunkt in jedem Werdegang war, nicht mehr als ein Hinweis war, der enträtselt werden musste.

Frau Blavatsky musste ihre Bücher schreiben und ihre Organisation gründen. MacGregor Mathers verwendete seine einzigartigen Kenntnisse, um dem System, von dem er nicht mehr als die Schlüssel bekommen hatte, einen sichtbaren Körper und eine Form zu geben. In jedem Fall hing die Größe der geleisteten Arbeit vom Niveau des Leiters ab. Es müssen viele gewesen sein, die die Lehrer dieser großen Pioniere kontaktiert haben und zweifellos entsprechend ihrer Möglichkeiten Erleuchtung erhielten, aber keine Organisationen gründeten und keine Spuren in der Welt hinterließen.

Es wird darauf hingewiesen, dass alle so gegründeten Systeme in ihrer Struktur die inhärenten Schwächen ihrer Gründer enthielten, und diese Schwachstellen bildeten die Bruchstellen, an denen sie letztlich zerbrachen. Frau Blavatsky besaß sehr wenig Urteilsvermögen, was den menschlichen Charakter betrifft und obwohl ihre Hingabe an ihre Ideale unbestritten war, war sie ausgesprochen unklug in ihrer Politik und skrupellos in ihren

Methoden. Die „zurück zu Blavatsky“ Bewegung, mit ihrer Verurteilung der modernen Theosophie täte gut daran, sich zu erinnern, dass das Unkraut, das sie ausreißen wollen, aus den Samen, die Frau Blavatsky in ihrem Unverstand und Mangel an Prinzipien gesät hat, gewachsen ist.

Auch MacGregor Mathers, der keine andere Einnahmequelle hatte als seine esoterische Schule, schwächte sie ständig und zerstörte sie schließlich durch sein Misstrauen und seine Exklusivität.

Aus diesen beobachteten Tatsachen erfahren wir einige Dinge, die wichtig für die Bildung unseres Beurteilungsmaßstabes sind. Wir lernen zum einen, dass physische Tradition, soweit sie aus geschriebenen Worten, die studiert werden können, besteht, nicht von höchster Bedeutung ist, weil der wahre Wert einer langen Reihe spiritueller Abstammung aus dem Gruppengeist der inneren Ebenen besteht und dieser kann durch übersinnlichen Kontakt auch von denen, die nicht die Erben der weltlichen Linien sind, erfasst werden.

Außerdem können die gesetzlichen Erben kläglich darin scheitern, die Kanäle offen zu halten, und so zu blinden Anführern für Blinde werden. Die Taten und die nicht Urkunden geben das Recht mit den Mysterien zu arbeiten.

Zweitens erfahren wir, dass es nicht genug ist, laut und anhaltend „Oh Herr, oh Herr“ zu rufen; es muss eine hinreichende Grundlage an Wissen und Organisation auf der physischen Ebene geben, damit die spirituellen Kräfte einen Kanal finden können. Es wurde gesagt, dass die Fähigkeit der Langlebigkeit eines Glaubens vollkommen von seiner Literatur anhängt. Alle großen Religionen haben als Kern ein Buch, eine Bibel, einen Koran oder die Upanishaden. Wenn ein spiritueller Lehrer sich auf mündliche Lehren verlässt, hinterlässt er keine beständigen Aufzeichnungen. Es muss ein Buch geben, ein mystisches oder heiliges Buch, das nicht die Vernunft und Intelligenz anspricht, sondern Intuition und Glauben. Die spezifischen Aussagen der neo-theosophischen Literatur der Besant-Leadbeater Schule, die versuchen, den bewussten Verstand zu erleuchten und zu überzeugen, sind nicht das Zentrum, um das die Bewegung, die von Frau Blavatsky gegründet wurde, seine zersplitterten Kräfte sammelt; es ist „Die Geheimlehre", das heilige Buch, das die Bewegung zusammenhalten wird, lange nachdem „Das Leben von Alcyone" gnädig vergessen wurde.

Es muss ein Buch geben, das unter dem Einfluss einer starken spirituellen Inspiration geschrieben wurde und das den beständigen Kern jeder Bewegung bildet, die ihren Gründer überleben soll. Ein solches Buch erhebt das Bewusstsein derer, die es lesen und bringt sie in übersinnlichen Kontakt mit den Quellen, aus denen die Inspiration stammt; dann sind sie in der Lage, selbstständig zu arbeiten. Die Leute sind nie damit zufrieden, auf unbestimmte Zeit mit dem Löffel gefüttert zu werden; wenn ein System nicht in der Lage ist, ihnen diese lebendigen Kontakte zu geben, wird es nur die jungen Seelen halten können und auf diese kann eine solche Bewegung nicht gebaut werden.

Es wird interessant sein zu sehen, ob die Menge von Rudolph Steiners Schriften dasselbe für seine Studenten leisten kann, wie solch ein Buch. Ich bin geneigt, daran zu zweifeln, ob sie das erfüllen können. MacGregor Mathers hinterließ die hervorragenden Rituale seines „Golden Dawn" und diese bilden mit ihrer Masse an Symbolismen und ihrer magischen Wirksamkeit eine unerschöpfliche Fundgrube der Inspiration für die Eingeweihten seiner Tradition, welche infolgedessen ihre Feuer wieder entfacht, solange es Augen gibt, die fähig sind, zu sehen.

Wir haben einen inspirierenden Kern in der „Kosmischen Doktrin". Wir verbinden uns auch mit den Kontakten des „Golden Dawn". Es war von Anfang an unser Bestreben, unser System selbsttätig zu machen und unabhängig von persönlichen Lehren.

Zum gegenwärtigen Zeitpunkt ist es ein wenig wie bei einer Autobahn im Bau – es gibt weite fertige Strecken und es gibt Engpässe und schmale Brücken, wo die Bauarbeiten noch im Gange sind. Wir glauben jedoch, dass wir den notwendigen Kern der Dauerhaftigkeit in unserem System haben und dass es die Generation, die seinen Anfang sah, überleben und die notwendige Erweiterung ermöglichen wird, um sie den Bedürfnissen der zukünftigen Generationen anzupassen, denn es hängt mehr von der Methode ab als von der Lehre.

Subversive Elemente in der okkulten Bewegung

Die okkulte Bewegung war den Machthabern immer verdächtig, was bis zu einem bestimmten Grad gerechtfertigt ist, denn die Geheimhaltung, in die sie sich hüllt, zieht die Aufmerksamkeit mehr an, als sie zu vermeiden; darüber hinaus kann dieses System der Geheimhaltung bequem als Deckmantel für andere Dinge als dem Okkultismus verwendet werden und wurde bei vielen Gelegenheiten in der Vergangenheit auch so verwendet. Der Okkultist kann daher vernünftigerweise den Verdacht, den er geweckt hat, nicht übel nehmen, aber er sollte sich bemühen, mit allen ihm zur Verfügung stehenden Mitteln, die Situation zu klären, Beweise seiner Vertrauenswürdigkeit zu erbringen und seine Angelegenheiten so zu handhaben, dass sie Übeltätern keine Gelegenheit bieten.

Die Einflüsse, die in der Welt von heute herrschen, sammeln sich unter zwei Flaggen, wie sie es immer getan haben. Die Wahl einer Flagge ist eine Frage des Temperaments; es wurde gesagt, dass jeder in der Jugend radikal ist und im Alter reaktionär. Wir werden immer feststellen, dass die Schüchternen und diejenigen, die von Gott gesegnet sind, auf der Seite der Konservativen oder der Aufrechterhaltung des gegenwärtigen Stands der Dinge stehen. Wir werden auch feststellen, dass die mutigen Geister und diejenigen, die vom herrschenden Gesellschaftssystem am meisten unterdrückt werden, den Wunsch nach Änderungen in der Ordnung der Dinge haben und manchmal nach radikalen Veränderungen. In beiden Lagern werden wir Gemäßigte und Extremisten finden; auch dies ist eine Frage des Temperaments.

Diese beiden gegensätzlichen Arten von Temperamenten haben Schwierigkeiten den Blickwinkel des jeweils anderen zu verstehen und den extremen Exemplaren fehlt normalerweise die Fantasie, um sich vorzustellen, dass es einen anderen vernünftigen Blickwinkel gibt, außer dem eigenen; deshalb neigen die Beziehungen dazu, verbissen zu werden und jede Partei unterstellt der anderen Laster, die sie nicht besitzt, oder die nur eine kleine und unrepräsentative Minderheit besitzt. Ebenso verschärft Eigeninteresse die Situation, da alle Gewinne auf der einen Seite nur auf Kosten der Anderen erreicht werden können. Die beiden Lager neigen dazu, sich zu bewaffnen und einen ewigen Guerillakrieg zu entfachen, der sich manchmal zu einem Kampf in großem Maßstab entwickelt.

Innerhalb bestimmter Grenzen sind beide Aspekte für das Wohl des Staates wichtig; die Erfahrung hat deutlich bewiesen, dass eine gut organisierte Opposition eine wesentliche Voraussetzung für den Fortschritt der nationalen Wirtschaft ist.

Doch obwohl die normale Polarität der Sichtweisen eine gesunde Kontrolle von Extremen jeder Art ist und eine normale und unvermeidliche Entwicklung in diesem Universum, das sich durch Gegensatzpaare manifestiert, kann man in beiden Lagern extreme Sichtweisen finden, die alle Grenzen des Gleichgewichts überschreiten und, um wieder die Sprache der Kabbalisten zu verwenden, qliphothisch sind, weil sie zum Chaos tendieren. Die Reaktionäre wollen ihre Interessen auf jeden Fall bewahren, unabhängig von wechselnden Bedingungen oder dem Wohl der Welt als Ganzem; und der Anarchist, mit seinem Ekel vor den bestehenden Verhältnissen, will sie bis zu den Grundfesten zerstören und das Haus des Lebens zum Einsturz bringen, auch wenn er während des Wiederaufbaus obdachlos ist.

Vernünftige Menschen beider Parteien betrachten ihre eigenen Extremisten mit Misstrauen und sind in der Lage, ihren Gegnern sowohl Sympathie als auch Respekt entgegenzubringen.

Wie bereits erwähnt, ist die Wahl einer Partei in der Regel vom Temperament und nicht von der intellektuellen Überzeugung diktiert. Diejenigen, die in der Partei des Wandels zu finden sind, haben in der Regel ein fantasievolleres und beeinflussbareres Temperament als diejenigen, die ihre spirituelle Heimat im Konservatismus finden, gemeint im wörtlichen und nicht im politischen Sinn.

Die gleiche Art von Personen hat ein offenes Ohr für neue Dinge bei allem, was die Welt betrifft; sie sind in der Regel unkonventionell in Bezug auf Kleidung und Ernährung; sie tragen ihr Haar lang, wenn andere Leute es kurz tragen, und kurz, wenn andere Leute es lang tragen; und sie reagieren wegen ihrer Komplexe im Allgemeinen heftig, nicht nur in Angelegenheiten, die ihrer Überzeugung entsprechen, sondern in allen Dingen des Lebens, ob in kleinen sozialen Gewohnheiten oder in tieferen und grundlegenden Dingen des Geistes.

Da der Okkultismus, mehr als die meisten Dinge, einen unkonventionellen Standpunkt vertritt, finden wir unter seinen Anhängern einen hohen Anteil an liberal Gesinnten und vergleichsweise wenige mit einer konservativen oder konventionellen Ansicht. Wir dürfen jedoch nicht den logischen Trugschluss begehen, post hoc mit propter hoc zu verwechseln. Menschen werden nicht radikal in ihren Ansichten wegen irgendwelcher Lehren, die unter dem Schleier der Geheimhaltung in okkulten Logen gelehrt werden, sondern sie werden Okkultisten, weil sie offen und abenteuerlich sind.

Darüber hinaus gibt es eine bestimmte Art eines mehr philosophischen Reformers, der bei der Suche nach einer Erklärung, die ihn zu den Grundursachen der sozialen Unzufriedenheit führt, erkennt, dass die esoterischen Lehren diese Erklärung geben, vor allem in ihren Lehren über den Gruppengeist, über subtil Einflüsse und Evolutionszyklen. Ein solcher sozialer Reformer studiert den Okkultismus nicht zum Zweck der Anwendung ritueller Magie gegen seine Feinde, wie die gängige Fantasie es glaubt, sondern um die letztendlichen Ursachen zu verstehen.

Selten findet man die Fanatiker beider Parteien in okkulten Kreisen oder in Kreisen, die ihre Ansichten nicht teilen; sie haben einen so einseitigen Verstand und sind so auf ihre eigene Voreingenommenheit konzentriert, dass sie kein Interesse an irgendetwas anderem haben und keine Zeit dafür verschwenden wollen. Man wird also feststellen, dass, obwohl Menschen mit fortschrittlichem und unkonventionellem Standpunkt fraglos in okkulten Kreisen überwiegen, dies zufällig oder aufgrund ihres Temperaments geschieht und nicht, weil die okkulten Lehren sich direkt mit Politik befassen.

Der Okkultismus und die Unterwelt

Abgesehen von dem, was man als wirkliche Verbindung zwischen dem Okkultismus und subversiven Personen und Ideen bezeichnen könnte, welche rein zufällig ist und der Tatsache geschuldet ist, dass die gleiche Art von Temperament zu beiden Interessen neigt, lässt sich nicht leugnen, dass mit der okkulten Bewegung eine gefährliche subversive Untergrundbewegung untrennbar vermischt ist und die Behörden gut daran tun, sie im Auge zu behalten.

Die eigentümliche und durchaus unnötige Geheimhaltung der Okkultisten macht aus der okkulten Bewegung einen bequemen Deckmantel für verschiedene Aktivitäten, die einer Überprüfung nicht standhalten würden.

Scotland Yard ist sich dieser Tatsache bewusst und beobachtet alle okkulten Organisationen genau. Der halböffentliche, halbprivate Charakter ihrer Methoden passt außerordentlich gut zu den Absichten von Personen, deren Tätigkeiten üblicherweise von der Polizei überwacht werden. Jede esoterische Organisation, die gebeten wird, Briefe in ihrem Namen zu versenden oder Pakete von der Druckerei zu empfangen, die von einem privaten Auto abgeholt werden oder sogar erlaubt, dass ihr Telefon von Fremden benutzt wird, sollte auf der Hut sein.

Es ist ein offenes Geheimnis, dass Briefe von Verdächtigen untersucht werden, und dass ihre Telefongespräche abgehört werden; folglich ist es von großer Bedeutung für diese Personen, unverdächtige Orte zu finden, wo sie Nachrichten erhalten können. Es kann nur sehr selten einen guten Grund geben, Briefe zu einer Deckadresse zu schicken und esoterische Organisationen, die in dieser Beziehung hilfsbereit sind, erschaffen Schwierigkeiten für die ganze Bewegung.

Es ist eine sehr unglückliche Sache, dass die theosophische Gesellschaft so eng mit indischen politischen Aktivitäten verknüpft wurde; obwohl das ungerecht war, muss gesagt werden, dass es ihnen wahrscheinlich nicht bewusst war, zu welchen Extremen diese Aktivitäten schließlich führen würden.

Infolgedessen werfen viele Menschen alle okkulten Bewegungen in einen Topf und fürchten, dass sie in deren Komplikationen verwickelt werden, wenn sie mit ihnen verbunden sind, und deshalb begrenzen sie ihr Studium auf die Theorie der esoterischen Wissenschaft und finden keine Gelegenheit, die Praxis zu erfahren.

Die Organisationen mit faschistischen Tendenzen in Großbritannien scheinen die Bedrohung durch den subversiven

Okkultismus sehr ernst zu nehmen und betrachten eine okkulte Gesellschaft ipso facto als subversiv und als etwas, das ausspioniert werden sollte. Kein vernünftiger Mensch sollte es ablehnen, von autorisierten Vertretern der öffentlichen Ordnung kontrolliert zu werden, denn dadurch werden seine eigenen Interessen geschützt; aber ein Amateurdetektiv ist ein großes Ärgernis und sollte daher genauso wenig beachtet werden, wie ein Bolschewist.

Die Rolle der Drogenabhängigkeit in der Schattenseite des Okkultismus wurde stark überbewertet. Es wurden Drogen verwendet die Visionen erzeugen, wie Anhalonium und Haschisch, und diese werden im Westen nicht als süchtig machende Drogen angesehen. Bei den Mengen, in denen sie für okkulte Experimente verwendet werden, verursachen sie wahrscheinlich keinen permanenten Schaden.

Die Drogen, von denen die Menschen abhängig werden, sind solche, die entweder ein Hochgefühl und Immunität gegen Müdigkeit erzeugen, oder solche, die das Bewusstsein betäuben und ein schwieriges Leben erträglicher machen; zu keiner dieser Kategorien gehören die Drogen, die Visionen erzeugen. Niemand verursacht oft genug Visionen durch den Gebrauch dieser Drogen, um drogensüchtig zu werden; und Anhalonium macht jedenfalls nicht süchtig.

Das Risiko, dem sich diejenigen, die diese Drogen benutzen, aussetzen, ist psychisch und nicht physisch; sie können, wenn der Experimentierende kein Experte in Bezug auf Okkultismus, Anrufungen und Beschwörungen ist, den Benutzer empfänglich für psychische Invasionen und sogar Besessenheit machen, weil sie dem unvorbereiteten Bewusstsein die Türen zur Astralebene öffnen, und wie jeder Schwimmer weiß, ist es eine Sache hinauszuschwimmen und ein andere, zurückzuschwimmen. Ich will nicht leugnen, dass sie eine Rolle in der okkulten Forschung spielen, aber solche Forschungen sollten nur von denjenigen unternommen werden, die entsprechend vorbereitet sind, sowohl im Hinblick auf ihre okkulten als auch ihre wissenschaftlichen Kenntnisse und es ist auf jeden Fall nicht empfehlenswert für diejenigen, die nur einen Nervenkitzel suchen.

Die Belletristikautoren haben ein gutes Geschäft aus der „schwarzen Messe" gemacht, das daraus bestand, die heiligen Symbole des katholischen Glaubens mit allen Mitteln, die eine überreizte Fantasie hervorbringen kann, zu entweihen. Es ist ein Verfahren, dessen praktische Anwendung nur den Katholiken vorbehalten ist, weil, wie Eliphas Levi sagte, niemand erfolgreich an einer schwarzen Messe teilnehmen kann, der nicht innig an eine weiße Messe glaubt. Für einen Nonkonformisten wäre die Ausführung einer schwarzen Messe sinnlos.

Sexuelle Orgien haben in den Mysterien eine Rolle gespielt und im Falle der Naturvölker dürfen wir sie nicht wahllos verurteilen, ohne die Art der Gesellschaft zu berücksichtigen, in der sie stattfinden. Zivilisierte Maßstäbe können nicht angelegt werden, um primitive Völker zu beurteilen, die unter anderen Bedingungen und Normen leben als wir. Diese Orgien führen nicht notwendigerweise zu der Degeneration, wie uns die Missionare glauben lassen wollen. Das hat nichts mit sexueller Promiskuität zu tun, sondern ist auf bestimmte Zeiten beschränkt. Ein Volk, das unter natürlichen Bedingungen und in engem Kontakt mit der Natur lebt und mit Pflanzen und Tieren um den Besitz des Bodens konkurriert, hat andere soziale Bedürfnisse und damit andere Sitten, als eine hoch organisierte, dichte Bevölkerung, deren Problem es ist, sich von einem begrenzten Gebiet zu ernähren. Für die Ersteren können die Orgien, die die Fruchtbarkeit fördern ebenso nötig und tugendhaft sein, wie die moralischen Schranken für die anderen Arten der Gesellschaft.

Auch dürfen wir nicht den Fehler machen, zu denken, dass ein Volk unzüchtig sein muss, weil unter seinen heiligen Symbolen eindeutige oder symbolische Darstellungen der Fortpflanzungsorgane zu finden sind, ebenso wenig wie die Tatsache, dass eine Nonne durch eine Trauungszeremonie in einen religiösen Orden aufgenommen wird, uns veranlasst, das zu vermuten. Sexuelle Zurückhaltung ist eine Frage der Umgangsformen, nicht der Moral.

Es liegt eine Wahrheit in diesen Dingen, die wir nicht ignorieren können und eine Zivilisation ist ärmer und keineswegs reiner oder gesünder, indem sie sie ignoriert. Ein Problem entsteht jedoch, wenn Personen, die zu Ausschweifungen neigen, sie als Rechtfertigung und Deckmantel nutzen: es ist unbestreitbar, dass dies oft im Namen des Okkultismus getan wurde, vor allem auf dem Kontinent.

In den meisten Fällen besteht das lockere Leben in okkulten Kreisen jedoch in einem etwas freizügigen Wechsel der „Seelenverwandten" und hat nicht mehr okkulte Bedeutung als vergleichbare Bedingungen in Künstlerkreisen. Es gibt keine magische Anwendung dieser Beziehungen; der einzige okkulte Ansatz darin ist, dass die Rechtfertigung dafür in vergangenen Leben gesucht wird, was niemand außer den Betroffenen ernst nimmt.

Verschiedene Okkultisten haben zu verschiedenen Zeiten versucht, die freudschen Lehren in die Praxis umzusetzen. Niemand mit Einblick in das Leben kann leugnen, dass in diesen Lehren ein sehr großes Maß an Wahrheit steckt und dass theoretisch viele Rechtfertigungen für die Taten solcher Initiatoren gefunden werden können. Die sozialen Folgen und die allgemeine Belastung und Aufregung, die solche Methoden mit sich bringen, sind jedoch so gravierend, dass man in der Praxis besser davon absieht, was auch immer man darüber aus rein wissenschaftlicher Sicht denken mag. Zum einen geraten die angewandten Kräfte sehr leicht außer Kontrolle und wenn solche Praktiken in Gruppen angewandt werden, erzeugt der Gruppengeist eine Atmosphäre, die viel zu primitiv ist, um von zivilisierten Menschen toleriert zu werden.

Orgien und rohe sexuelle Magie sind aus der Ebene des Bewusstseins verschwunden, auf der zivilisierte Rassen funktionieren, ebenso wie Kindestötung und die Beseitigung der Alten verschwunden sind.

Es gibt andere und bessere Methoden der Annäherung an die elementaren Ebenen des Bewusstseins als diese, die nicht dem rechten Pfad angehören. Durch rein psychologische Methoden erzielt der Psychoanalytiker das gleiche Ergebnis; aber nur wenn die Erfahrungen des Psychoanalytikers mit dem Wissen des Esoterikers vereint werden, werden die tieferen Themen und höchsten Höhen erreicht.

In früheren Zeiten war die Nutzung von abnormalem Verhalten zu magischen Zwecken weitverbreitet; die Fakten sind bekannt und führten wiederholt zu Skandalen. Es gibt nichts zur Rechtfertigung solcher Praktiken zu sagen; sie sind in jeder Hinsicht unnatürlich und destruktiv. Es gibt jedoch Grund zur Annahme, dass diese Phase des schwarzen Okkultismus ausgedient hat und ausstirbt. Der hauptsächliche Vertreter wurde hoffnungslos verrückt und sein Beispiel scheint denjenigen seiner Anhänger Vernunft eingeflößt zu haben, die es nicht aus eigener Erfahrung gelernt haben. Dennoch besteht nach wie vor ein hohes Maß an sehr ungesunden Lehren und Praktiken in bestimmten Kreisen, die viele Fälle von Psychopathologie produzieren. Gruppengeister wurden negativ beeinflusst und empfindsame Personen sind anfällig für unangenehme Erfahrungen, für psychische Störungen und sogar für ernsthafte Krankheiten durch den Kontakt mit ihnen. Die Führer dieser Gruppen haben sich in keiner Weise dem Bösen hingegeben, aber sie haben sehr wenig Verständnis für die Kräfte, mit denen sie in Kontakt getreten sind. Das wiederholte Auftreten psychischer Probleme in ihrer Mitte schreiben sie okkulten Angriffen von außen zu oder der Vergeltung der Kräfte des Bösen, gegen die sie kämpfen und sie erkennen nicht, dass sie wie Menschen sind, die ihre Häuser an den Hängen des Vulkans gebaut haben. Allerdings ist es wahrscheinlich, dass mit dem Scheitern des Anführers die Atmosphäre nach und nach klarer wird und dass alles, was von Wert ist, von den vielen unglücklichen Elementen, die sich darum versammelt haben, befreit wird.

Die "jüdische Gefahr"

Es gab schon immer ein starkes antisemitisches Gefühl unter den Nationen des Kontinents, auch wenn es auf den Inseln hier von anderer Art ist. Es wurden kürzlich Bücher veröffentlicht, in denen behauptet wird, dass die Revolution in Russland das Werk der Juden war und dass die jüdische Rasse als organisierte Einheit die Vernichtung der Zivilisation plant. Darunter sind einige Bücher, die zu beweisen versuchen, dass der jüdische Eingeweihte eine besonders gefährliche Person ist und dass jede okkulte Bewegung, in der es einen großen Anteil an Juden gibt, eine besonders gefährliche Bewegung sein muss.

Um das Für und Wider diese Behauptung zu untersuchen, müssen wir zunächst die Grundlage untersuchen, auf der sie beruht. Was ist die Ursache der allgemeinen Feindseligkeit den Juden gegenüber? Die meisten Menschen würden sagen, sie stammt daher, dass sie unseren Herrn ermordeten, aber die wirkliche Antwort auf diese Frage ist wohl darin zu sehen, dass es einen höheren Prozentsatz an geistigem Scharfsinn und Fähigkeiten und einen geringeren Prozentsatz an kriegerischen Tugenden unter den jüdischen Menschen gibt, als bei den meisten anderen Rassen. Dies zusammen mit ihrem Rassenstolz und ihrer Exklusivität reizt die Nichtjuden; und da der Jude selten eine kriegerische Person ist, kann der Verärgerung freien Lauf gelassen werden. Außerdem ist der Jude wegen seines besonderen Talents für Finanzen der universelle Geldverleiher; und ein sehr bequemer Weg unbequeme Schulden zu begleichen, ist ein gelegentlicher „Pogrom“. Beide Parteien besitzen Stärken und Schwächen, weswegen sie sich gegenseitig fürchten und jagen; ein solcher Zustand kann nicht förderlich sein für gegenseitiges Vertrauen und ein gutes Verhältnis.

Es ist vollkommen richtig, dass es im Bolschewismus und in anarchistischen Kreisen im Allgemeinen einen hohen Anteil an Juden gibt. Der Grund dafür ist nicht schwierig zu finden. Der Jude ist die Ausnahme von der Regel, die besagt, dass ein Idealist nie praktisch ist. Wenn eine idealistische Bewegung einen effizienten Organisator will, wird sie ihn in der Regel nicht unter den Nichtjuden in ihren Reihen finden. Die Juden waren ganz einfach deshalb das Rückgrat der bolschewistischen Bewegung, weil die Russen, wenn sie sich selbst überlassen werden, nicht organisieren können und hoffnungslos unpraktisch sind, deshalb kam das jüdische Element an die Front. Dies ist keine Besonderheit der bolschewistischen Bewegung. Als Peter der Große die russische Verwaltung reformierte und den Staat modernisierte, fand er es notwendig, deutsche Administratoren zu importieren, einfach weil damals, wie auch heute, die Russen nicht organisieren oder verwalten konnten.

Der Jude sticht sowohl in revolutionären, als auch in literarischen und wissenschaftlichen Kreisen heraus, wegen der großen Fähigkeiten und der Antriebskraft, die man in seiner Rasse findet. Aber post hoc ist nicht propter hoc.

Der Jude fühlt sich von der westlichen esoterischen Tradition angezogen, weil sie auf der Kabbala basiert, der mystischen Weisheit Israels und weil sein Intellekt von einer Art ist, die sich leicht mit esoterischer Philosophie anfreundet. Im heutigen Judentum scheint das mystische Element vollkommen zu fehlen, außer in Bezug auf den jüdischen Nationalismus. Bei Frauen insbesondere, denn sie haben keinen Platz in der jüdischen Religion, außer als Bewahrer der levitischen Bräuche, die sich auf das Haus beziehen. Diesen Mangel fühlen vor allem die nachdenklichen Juden, die die Notwendigkeit einer Art von Mystik sehen, wie es das Christentum lehrt, die aber den Christus nicht akzeptieren können. Diese Juden und vor allem die Jüdinnen finden diese Mystik im Okkultismus, der ohne religiöse Vorurteile ist und der in der Lage ist, sich an das anzupassen, was sie an der Tradition Israels schätzen. Folglich gibt es viele Juden im westlichen Okkultismus und, wie immer, gelangen sie aufgrund ihrer intellektuellen Fähigkeiten und ihrer Antriebskraft an die Spitze. Es ist offensichtlich für jeden, der das Thema im Licht der Geschichte und Rassenpsychologie betrachtet, dass die Juden als Rasse durch soziale Umwälzungen und Unruhen mehr zu verlieren haben, als jede andere, denn sie sind die Geldverleiher der Welt und das Erste was jede Nation nach einer Revolution tut, ist Schulden zu tilgen, sowohl private als auch nationale.

Die jüdische Rasse ist darüber hinaus nicht-militärisch; nicht, dass es keine individuellen Kämpfer unter den Juden gibt, wie die Geschichte der Boxkämpfe zeigt, aber ihre besonderen religiösen Grundsätze machen es, wenn sie auf soziale Gewohnheiten angewendet werden, sehr schwierig, wenn nicht unmöglich, eine Armee zu organisieren.

Bei einer Gelegenheit wurde Jerusalem gestürmt, weil die Juden am Sabbat nicht arbeiten wollten, um es zu verteidigen.

Es steht jedoch außer Frage, dass die Menschen der jüdischen Rasse eine wichtige Rolle im Lauf der Geschichte spielten, indem sie kriegerischen Monarchen und Regierungen die Mittel zum Krieg bewilligt oder vorenthalten haben.

Das war jedoch keine Frage der organisierten nationalen Politik, sondern persönlicher Spekulationen und Projekte, jedenfalls seitdem die Regierungen aufgehört haben, die Juden zu zwingen, Geld ohne Sicherheiten zu verleihen. Es ist bemerkenswert, dass der Jude als Staatsmann außerordentlich korrekt ist; er dient der Nation seiner Wahl mit einer zielstrebigen Integrität und hervorragenden Fähigkeiten.

Der Jude war immer herausragend im westlichen Okkultismus; in der Tat war er jahrhundertelang sein einziger Wächter, denn die Kirche bekämpfte alle Spekulationen und Experimente in spirituellen Dingen mit fester Hand. Die Kabbala war der wichtigste Ausweg für den spirituell gesinnten Juden, der Gebetsriemen als unproduktiv ansah; und die Kabbala beinhaltet zeremonielle Magie und Psychismus auf hohem Niveau sowie deren praktische Anwendungen. In Israel befindet sich die Quelle der westlichen Tradition; in der Tat muss der westliche Okkultist eine gute Kenntnis der Elemente der hebräischen Sprache haben, um den barbarischen pseudohebräischen Jargon zu entschlüsseln, der das Erbe der ungebildeten Logen ist.

Der Fanatiker, der sich in den Kopf gesetzt hat, dass die jüdische Rasse die Zerstörung aller sozialen Ordnung anstrebt, sieht einen der deutlichsten Beweise für die Schuld des Okkultismus darin, dass jüdische Elemente und jüdischer Einfluss darin zu finden sind. Jedoch dürfen wir daran erinnern, dass man dasselbe über das Christentum sagen kann, das seine kulturellen Wurzeln im Judentum hat. Vom historischen Standpunkt aus hält Abraham, anstatt Petrus die Schlüssel des Himmels für die westliche Welt in Händen.

Die esoterische Tradition lässt keine Exklusivität zu; es ist das Wesen ihres Geistes, keinen Gott zu schmähen, der durch Hingabe des Menschen geheiligt wurde. Sie betrachtet alle Religionen als Ausdruck des menschlichen Geistes und nicht als persönliche Offenbarung eines eifersüchtigen Gottes für sein auserwähltes Volk. Sie duldet weder abergläubische Ehrfurcht noch frömmelnde Taten. Wenn sie gebeten wird, Standpunkt zu beziehen in einem erbitterten Streit über Rechte, sagt sie: „Verflucht seien eure beiden Häuser!“

Der Weg Gottes ist der Weg des Blitzes, im Zickzack zwischen den Säulen, und der Ort des Gleichgewichts liegt im Mittelpunkt der zentralen Säule.

11. Esoterisches Glossar

Die Lehre über esoterische Themen enthält so viele vage definierte Begriffe, dass es ratsam ist, denjenigen, die in unserer Gruppe studieren genauer zu vermitteln, was wir meinen, wenn wir bestimmte Begriffe benutzen. In der Tat ist in einigen unserer früheren Schriften die Bedeutung nicht immer so klar, wie es sein könnte, da einige Zeit verstrichen ist (wie es gewöhnlich geschieht), bevor sich der Notwendigkeit dieser Definitionen zeigte. Wir wollen sie anderen Gruppen nicht aufzwingen, aber die Definitionen, die wir geben sind in Einklang mit den Prinzipien unserer Lehre, und die Erfahrung hat gezeigt, dass sie fundiert sind; daraus folgt jedoch nicht, dass esoterische Publikationen im Allgemeinen die Begriffe in genau dieser Bedeutung benutzen und tatsächlich kann dasselbe Wort manchmal mit leicht unterschiedlichen Bedeutungen in der gleichen Publikation gefunden werden, sodass es für den ernsthaften Leser notwendig ist, vorsichtig zu sein, damit er keinen falschen Eindruck gewinnt, vorausgesetzt die Autoren wussten tatsächlich genau, was sie vermitteln wollen. Die Begriffe, die wir meinen, sind im Folgenden aufgeführt und in einigen Fällen wurden Informationen über das Thema hinzugefügt.

Unter Logos versteht man den solaren Logos, den Gott unseres Sonnensystems. Den Gott des Kosmos bezeichnen wir als das erste Manifest.

Die Manus sind in erster Linie die „ethnologischen“ Leiter der großen Wurzelrassen auf den Inneren Ebenen. Sie stellen eine große Idee oder ein Prinzip dar, das hinter der esoterischen Aufgabe ihrer Wurzelrasse stand. Es gibt mehr als eine Art von Manus. Der Manu einer Rasse ist auch der Prototyp oder der ideale Mensch einer Rasse und in diesem Zusammenhang kann die Silbe „MAN“ in bestimmten Sprachen sehr alt sein und eine große Bedeutung haben. Die Manus gehören den ersten drei Scharen an – den Herren der Flamme, der Form und des Denkens – aber nicht all diese sind Manus; die Manus sind in der Tat Erzengel mit einem „vielfältigen Ego“. Dies ist die nächste Annäherung in Worten an diese großen Wesen. Ihre „personalisierten“ Formen zeigten sich jedoch in „menschlicher Gestalt“.

Die Meister sind die vollendeten Wesen der menschlichen Evolution, die es vorziehen, die Menschheit zu führen und bestimmte andere Arbeiten zu leisten, anstatt „in den Ruhestand zu treten“; es gibt verschiedene Typen und Grade. Sie werden nicht zu „Herren der Menschheit“ (siehe „Die kosmische Doktrin“), bevor sie nicht alles überwunden haben, was man heute als Menschlichkeit bezeichnet – denn ein Grad gilt nicht als erreicht, bevor nicht der nächste betreten wurde.

Der göttliche Funke kann als „äußerer“ Aspekt des kosmischen Atoms betrachtet werden, das mit dem logoidalen Stempel geprägt wurde. Bevor ein hoher Grad erreicht wurde, kann er praktisch als kosmisches Atom angesehen werden, als unsterblicher Teil eines jeden von uns, verwurzelt im großen Unmanifestierten, von selbem Wesen wie die Logoi, aber erheblich jünger in der Evolution, usw.

Die Individualität oder das höhere Selbst (die „Society of the Inner Light“ verwendet derzeit die Begriffe „evolutionäre Persönlichkeit“ bzw., „inkarnierte Persönlichkeit“) ist die Einheit einer Evolution, die aus den Körpern der höchsten drei Ebenen besteht (in einem System mit sieben Ebenen), die um den göttlichen Funken angeordnet sind.

Das niedere Selbst, die Persönlichkeit oder Projektion ist die Einheit der Inkarnation, die aus den „Körpern“ der vier niederen Ebenen besteht (in einem System mit sieben Ebenen). Seine Erfahrungen werden nach dem physischen Tod im Wesentlichen vom höheren Selbst absorbiert, aber das allein bestimmt nicht die nächste Projektion, da das höhere Selbst Phasen der Entwicklung zwischen den Inkarnationen hat – die weitgehend auf vor-inkarnatorischen (involutionären) Erfahrungen basieren, die auch die nächste Projektion beeinflussen.

Die Seele ist eines der Wörter, die am häufigsten mit unterschiedlichen Bedeutungen verwendet werden. Wir verwenden es, um die inneren Aspekte der Persönlichkeit zusammen mit den äußeren Aspekten des höheren Selbst zu bezeichnen. Es ist in der Tat die Einheit der Evolution bis zu einem bestimmten Punkt (jenseits von Chesed). (Im Baum des Lebens der Kabbala). Die Aspekte der Persönlichkeit werden (oder sollten werden) im Wesentlichen vom höheren Selbst beim Tod absorbiert und die Seele selbst wird dabei für ihre nächste Inkarnation konditioniert. (Dies würde eine viel weiterführende Erklärung benötigen). Sie kann als Vehikel eines sich entwickelnden Menschen betrachtet werden, bis zum Abgrund im Baum des Lebens und ihrem Tod und hat viel mit der nächsten Persönlichkeit zu tun, die vom höheren Selbst projiziert wird. Bestimmte „Pathologien" esoterischer Natur, die zukünftige Inkarnationen betreffen, sind zurückzuführen auf falsche Handlungen und Haltungen des Geistes während der Inkarnation und nach dem Tod.

Der Begriff Wurzelrasse kann für die ursprüngliche Rasse benutzt werden, aus der die Unterrassen hervorgegangen sind. Er bezieht sich häufig auf die sieben großen Gruppen der atlantischen Rasse und diese Prototypen der Rassen entwickelten sich nach der Sintflut zu den wichtigsten Untergruppen der Rassen, wie man sie exoterisch kennt. Der Begriff „Wurzelrasse" kann sich auch auf die vier Farben der Menschheit beziehen und auch auf die fünf Stufen der Evolution des Menschen auf dieser Welt, d. h. die Hyperboräer, die Lemurer, die Atlanter, usw. Die Hautfarben und Stufen der menschlichen Evolution hatten auch Manus, denn es gibt viele Arten von Manus. Die weiße Rasse beinhaltet nicht nur die am weitesten entwickelte, die Arische, sondern auch die Semiten, die dazu bestimmt waren, der weißen Rasse ein anderes Ideal zu bringen. So hat der Manu Melchisedek den Weg für Jesus Christus vorbereitet und so wurde die Idee eines Messias in die semitische Tradition eingeführt. (Im Hintergrund all dessen gibt es eine Verbindung mit dem Heiligen Gral.) Hinter der geheimen Geschichte Israels agiert der archetypische Priester der atlantischen semitischen Wurzelrasse; und aufgrund bestimmter atlantischer Fehler hat der jüdische Teil dieser Rasse diesen Archetypen in den Westen gebracht, ohne fähig zu sein, ihn zu benutzen, mit Ausnahme von kleinen Gruppen. Dies ist der „Fluch der Juden“ und er geht zurück bis lange vor die Geburt Jesu, aber wenn sie ihn akzeptiert hätten, hätte das vieles abgemildert. Ihre Theokratie sollte zu einem Welt-Staat werden, aber sie wollten nicht mit anderen teilen.

Die Manus bestimmter Wurzelrassen sind traditionell bekannt und einige werden genannt:

1) Rama war der Manu der arischen Rasse.

2) Melchizedek war der Manu der chaldäischen und frühen semitischen Rassen, neben seiner Verbindung zur atlantischen Rasse.

3) Narada war der Manu der ersten atlantischen Rasse.

4) Asuramaya war ein Manu einer früheren lemurischen Rasse, die sich mit den ersten Atlantern vermischt hatte und er „lebte“ in diesen ersten Tagen von Atlantis. Er war der „Lehrer der Weisheit der Sterne“ in der vorsintflutlichen Welt, so wie Melchisedek in der nachsintflutlichen Welt und er war der erste Astronom. In Atlantis arbeitete er mit und unter Narada. Euclid – der Herr einer der Aspekte der Weisheit der westlichen Tradition ist (siehe „Esoteric Orders and their Work“), war nicht nur ein großer Lehrer, sondern besaß in den inneren Ebenen einen Aspekt, der einen direkten „Strahl“ von Asuramaya manifestierte (ähn-

liche wie die Manifestation des Christus durch den Herrn Jesus, aber weniger in Grad und Herkunft), was mehr war als eine „Überschattung“! Dieses Thema ist zu komplex, um es hier weiter auszuführen.

Die Semiten sollten „Priester des Höchsten“ werden, aber nur ein kleiner Teil in einer späteren Evolution erreichte dies zu einem geringen Teil. Die Arier waren Könige und Kolonisatoren.

Die Archetypen sind ursprüngliche Vorlagen oder Modelle einer göttlichen Idee. Solche archetypischen Vorlagen manifestieren sich auf verschiedene Weise:

1) Durch die göttlichen oder übermenschlichen Lehrer bestimmter Rassen oder Nationen, auf deren Leben die dramatisierten Rituale und Einweihungen verschiedener Mysterien basieren.

2) Durch nicht-menschliche Formen, die zu vorirdischen und vormenschlichen Entwicklungstypen gehören, wie:

a) Die Zeichen des Tierkreises (in ihrer tatsächlichen, nicht vermenschlichten Form);

b) Makrokosmische Symbole, die mit dem Mikrokosmos in Zusammenhang stehen und auf den grundlegenden Kräften des Universums basieren, wie geometrische und phallische Ideogramme von höchster Bedeutung. Diese sind in den menschlichen Verstand übergegangen und tauchen in Traumsymbolen auf, aber sie sind älter als der menschliche Verstand.

Die traditionellen Namen der großen archetypischen Figuren sind oft Erinnerungen der Rassen an (1), d. h., an die Lehrer und gehören zu den verschiedenen Phasen der Evolution, die die Gruppen durchlaufen haben; sie stammen von einem rätselhaften Meister, der in der Antike einige besondere Gruppen geführt hatte. Sie sollten nicht mit der archetypischen Kraft eines

Manu verwechselt werden, der an der kollektiven „Familie“ der ganzen Rasse arbeitete, der die Gruppe angehörte.

Zum Beispiel war Rama der große Führer der arischen Rasse, aber Orpheus, Osiris, Isis, Odin, Merlin, usw., waren Lehrer bestimmter arischer Gruppen und alte Erinnerungen an sie gingen in einige der Götter und Helden dieser Gruppen über. Denn obwohl einige der Götter Naturkräfte sind, sind andere Erinnerungen an prähistorische Lehrer. Die Engel der Rassen sind hohe Wesen der Erzengel- oder Engelhierarchie, die seit Beginn der Welt als Hüter bestimmter Gruppen ernannt sind; sie könnten als „personalisierte Prinzipien des archetypischen Feuers“ bezeichnet werden, die zuerst mit den Manus gearbeitet haben und die nach dem Rückzug der Letzteren als Hüter dieser Prinzipien und der Kräfte, die ihr „Gebiet“ (bzw. „Niederlassung“ in Malkuth) umgaben, mit der Erde in Kontakt blieben. Ein solches Wesen wird in dem biblischen Satz „der Fürst der Mächte von Persien“ erwähnt, ein großer Engel einer Rasse einer früheren Periode.

Die Engel der Rassen führen die Rassen zu dem Gebiet, wo sie Wurzel schlagen sollen und solange eine Nation stark genug bleibt (in vielen Bedeutungen des Wortes), ist der Engel sozusagen ihr höheres Selbst. Wenn diese Nation so sehr zerfällt, dass der wahre Kontakt mit dem Engel nicht möglich ist, zieht sich der Engel zurück zu einer Nation, die fähig ist, die inneren Prinzipien zum Ausdruck zu bringen, die er vertritt. Solche Engel werden in ihrem „Reich“ unbedeutendere Stammeswesen anderer Nationen aufnehmen, die sich vollkommen in das ursprüngliche Gebiet integrieren – durch Eroberung oder auf andere Weise. Das Thema ist sehr komplex, aber wert, studiert zu werden; durch eine Eroberung auf der physischen Ebene kann nicht immer über eine Nation triumphiert werden.

Anima und Animus. Diese psychologischen Bezeichnungen sind in Lehrbüchern gut erklärt und man sollte sich auf sie beziehen, dieser Hinweis ist speziell für psychologische

Begriffe nötig, von denen viele oft und ungenau verwendet werden. Alles, was hier gesagt werden muss, ist, dass Jung mit großer Aufmerksamkeit gelesen werden sollte, da es wahrscheinlich ist, dass er mehr wusste, als er offen zum Ausdruck bringen wollte. Wenn die Integration mit dem höheren Selbst naht, ist es möglich, dass „anima“ oder „animus“ Idealfiguren weichen, die demselben Geschlecht angehören, wie die Persönlichkeit und solche Figuren können von empfindsamen Menschen in emotionalen Zuständen viel früher vorausgeahnt werden.

Der Schatten – der Hüter der Schwelle

Der Begriff „Schatten“ in der jungschen Psychologie sollte nicht mit dem „Hüter der Schwelle“ verwechselt werden! Der „Schatten“ steht für das unterbewusste Material der gegenwärtigen Inkarnation, d. h., von nur einem Leben, obwohl er natürlich von früheren Leben beeinflusst ist. „Sich dem Schatten zu stellen“ bedeutet die Erkenntnis der Realität des Unterbewusstseins und die Akzeptanz von Themen, die oft mit denen des bewussten Verstandes in Widerspruch stehen. Es geschieht daher zu einem vergleichsweise frühen Zeitpunkt im Prozess der Integration, der dem 32. Pfad des Baums des Lebens (der Quelle) und Jesod entspricht.

Der Begriff „Hüter der Schwelle“, wie er in unserer Terminologie verwendet wird, stellt die gesamte Vergangenheit des Individuums dar, alles, was geschehen ist, um ihn zu dem zu machen, was er ist. Es ist daher die Summe aller seiner „Schatten“. „Sich dem Hüter der Schwelle zu stellen“ ist die Konfrontation mit der gesamten Vergangenheit und fordert die vollständige Anerkennung dieser Vergangenheit und allem, was geschehen ist, um das Individuum zu dem zu machen, was es ist. Das geschieht zu einem späten Zeitpunkt im Prozess der Integration. Im Baum des Lebens würde es der Einweihung von Chesed entsprechen, deren Erkenntnisse sich in Daath vollenden, wo „die Vergangenheit zur Gegenwart wird“. Die volle Bedeutung des „Hüters der Schwelle“ wurde wahrscheinlich in psychologischen Schriften nicht ausdrücklich erklärt. Es sei angemerkt, dass die Integration, die wir hier meinen, nicht die (sozusagen) kleine von Thipheret ist, sondern eine viel umfassendere, die, soweit wir wissen, nirgendwo vollständig in veröffentlichtem Material beschrieben wurde.

Der „Hüter der Schwelle“ kann von denen, die solche Erfahrungen haben, in einer Vision gesehen werden und sollte nicht mit einem Engel oder einem Elemental der üblichen Art verwechselt werden. Er ist eine Manifestation der gesamten Schuld in personalisierter Form oder er kann aus dem Bewusstsein der Schuld entstehen, wobei die Formen entsprechend der Art der Schuld variieren.

Diese „Vision“ oder „Erkenntnis“ muss sich ereignen bevor die wirkliche tiefe Integration und ein bedeutender spirituеller Fortschritt stattfinden können. Es ist möglich, dass er die ungeläuterte Seite der Persönlichkeit absorbiert (den „abtrünnigen“ Aspekt), und etwas, das dieser modernen Lehre ähnelt, wurde von den Ägyptern in der Gestalt des „Verschlingers der Herzen“ beschrieben! So schrecklich es sein kann, dem „Hüter der Schwelle“ zu begegnen, ist er doch nur ein „gegensätzlicher“ Aspekt des höheren Selbst („passiv“ oder „noch nicht absorbiert“) und kann etwas Göttliches in seiner Erscheinung haben, denn er ist mit dem Leiden des höheren Selbst verbunden, das sich in „Sünde verwandelt“, um seine Projektionen zu erlösen – eine Überlegung, die eine tiefe Meditation verdient.

Kurz gesagt, der „Hüter der Schwelle“ ist die Summe der früheren Leben des Individuums, sein eigener gegensätzlicher Charakter, der aus ihm entsteht und scheinbar ein unabhängiges Leben hat.

Die Meister (Weiterführung der vorherigen Hinweise)

So wie zu gewissen Zeiten die esoterische Arbeit und der Rang der inkarnierten Individuen beurteilt werden, so wird die Arbeit der geistigen Hierarchie in ihrem Verhältnis zum großen Ganzen bewertet. Man sollte verstehen, dass ein Meister jemand ist, dessen Aufgabe sich auf die solare logoidale Evolution bezieht und die Meister sollten als das verstanden werden, was sie sind und die Art ihrer Macht sollte verstanden werden.

Um ihre Aufgabe in der solaren logoidalen Evolution vollständig zu erfüllen, muss ein großes kosmisches Wachstum stattfinden – die „stellaren Einweihungen" müssen in all ihren Graden erreicht werden.

Rassensymbole – Tiere. Die Seele einer Rasse hat eine „Ausstrahlung", die auf einem Aspekt ihres Charakters beruht und diese „Ausstrahlung" kann eine ätherische Gestalt annehmen; es ist eine Art Totem! Da die Rasse sich entwickelt, wird dies zu einem ihrer speziellen Symbole.

Das Symbol von Großbritannien – ursprünglich sowohl das der Kelten, als auch das der Sachsen – ist ein weißes Pferd. Der Löwe als Symbol hat keinen so frühen und wichtigen Ursprung, denn er stammt aus der Heraldik der Normannen. Das weiße Pferd ist ein sehr altes Symbol, und wenn man es als Produkt der Evolution des Eohippus betrachtet, hat es eine Verbindung zu Atlantis. Es gibt keine spezielle Haltung, wie z. B. „steigend" usw.

Archetypische Formen und Psychologie (siehe auch oben)

Es ist für den einfacheren Gebrauch möglich, die archetypischen Formen in folgende Arten einzuteilen:

1) Die makrokosmischen Archetypen, wie die Götter, die „Personifizierungen" großer makrokosmischer Kräfte sind.

2) Die mikrokosmischen Archetypen, von denen in der modernen Psychologie die Rede ist und die Personifizierungen des Makrokosmos in der Seele des Menschen sind. Die Mikrokosmos-Archetypen – wie beispielsweise Vater, Mutter, Magier, weise Frau, usw. – stellen die Verknüpfung der sich entwickelnden Seele mit bestimmten Kraftlinien im Makrokosmos dar, oder, mit anderen Worten, die Erhebung der Menschheit zu Gott oder den Göttern.

(Auf diese Weise steht hinter den Meistern die erhabene Kraft, die als „das große Opfer“ bezeichnet werden kann und die mit dem geopferten Gott des Baums des Lebens verbunden ist.)

Zusätzlich zu den hier genannten Archetypen gibt es das, was man als „ergänzende Form“ der verschiedenen Aspekte des Mikrokosmos bezeichnen könnte, wie ein Engel, Dämon, usw., und der schmerzliche Typ des magischen Körpers, beseelt mit einer elementalen Essenz, der verschiedentlich „Hüter der Schwelle“ und „böser Genius“ genannt wird.

Es ist möglich, dass er ganze Gruppen oder Familien repräsentiert, aber eine detaillierte Erörterung darüber wäre zu lang und zu schwierig für ein Buch, wie dieses; der psychologische Begriff „abtrünniger Aspekt“ der Psyche ist darauf anwendbar.

Das gegengeschlechtliche Seelenbild. Dies ist ein bekanntes psychologisches Phänomen; wenn man versteht, was es wirklich ist, kann es eine besondere Verbindung zwischen der Persönlichkeit und dem höheren Selbst sein, da es ein Aspekt des Engels der Säule ist, die dem physischen Geschlecht entgegengesetzt ist – das bedeutet, weiblich für die silberne Säule und männlich für die schwarze Säule. (Diese Säulen beziehen sich auf die zusammengesetzte Glyphe des Baums des Lebens und der Säulen – ein kabbalistisches Symbol.)

Anmerkungen zum Gral und ähnlichen Symbolismen

Kontakte und Energie von den Inneren Ebenen werden auf der physischen Ebene entweder durch eine Gruppe oder durch eine Person empfangen, die Kontakt im Namen der Gruppe herstellt und an diese weiterleitet. Die erste Methode basiert auf dem Gral des Alten Testaments – der Bundeslade, letztere auf dem Gral des Neuen Testaments – der Schale oder dem Kelch. Beide Gefäße wurden zu Symbolen, wie auch andere Formen von Gefäßen – der Teller, der Becher, der Stein. Bevor diese zu Symbolen wurden, waren sie Realität. Die Bundeslade enthielt tatsächlich eine Substanz der Inneren Ebenen, die einen direkten Kontakt zwischen Gott und der Gruppe herstellte. In Atlantis war dieses Gefäß der Mond-Kelch (des alten Mondes und der frühen Phasen der Menschheit), in dem eine Substanz tatsächlich in Kontakt mit dem Überirdischen war. Diese „Substanzen" sind Mysterien und in der Tat eine Version dessen, was in späterer Zeit als „reale Präsenz" bekannt wurde und aus diesen Erinnerungen wurden die sakramentalen Riten der verschiedenen Glaubensrichtungen entwickelt. Die Suche nach dem Kelch, der den Menschen wegen ihrer Sünden entzogen wurde, ist die Grundlage der Grals-Legende, in der der Kelch manchen Menschen eher als tatsächlicher Kontakt mit dem Innersten erscheint, denn als Symbol für diesen Kontakt. Es gibt unendlich viele Möglichkeiten der Meditation über dieses Thema, aber vieles kann aus dem, was bereits gesagt wurde, abgeleitet werden.

Denken wir an Melchisedek, der das sakramentale Symbol zu Abraham zurückbringt; denken wir daran, dass sein Haus auf Venus-Luzifer steht und dass es eine alte Legende gibt, die besagt, dass der Gral aus einem Smaragd, der aus Luzifers Krone gefallen ist, hergestellt wurde. Der Kelch jedoch war der alte atlantische Kontakt mit Gott, der in dem Mond-Kelch bewahrt wurde – er enthielt nicht Wein im wörtlichen Sinn. Der Herr Jesus (ein „Hohepriester des Ordens Melchisedeks") führte ihn wieder ein (genauso taten es andere Erlöser wie Orpheus, Mithra, usw. auf ihrem Niveau). Hinter all dem steht die geheime Geschichte Israels, in deren Hintergrund der archetypische Priester der semitischen atlantischen Wurzelrasse agiert.

Verschiedene Anmerkungen über Astrologie

1. Der Tierkreis befindet sich unter dem Einfluss der (12) kosmischen Strahlen und der wahre astrologische Einfluss auf den Menschen ist nicht zurückzuführen auf den Moment des Geburtsdatums seiner gegenwärtigen Inkarnation, sondern auf die kosmischen „Gruppierungen", die zu dem Zeitpunkt wirkten, als der göttliche Funke, der die Ebenen hinabstieg (siehe „Kosmische Doktrin") und durch eine spezielle astrologische Kraft beeinflusst wurde. Diese Kraft, wenn man sie wirklich begreifen würde, würde in den astrologischen Positionen jeder Inkarnation sichtbar sein – und es wäre auch möglich, die einzelnen Einflüsse, die auf den Geist wirken, zu berechnen, in etwa analog zur Berechnung der Präzession der Äquinoktien, die auf die Sonne wirken; das Thema ist schwierig und erfordert Experten und Fachkenntnisse. Jeder göttliche Funke wird jeweils durch eines der zwölf großen „Konzepte der Wahrheit" beeinflusst, die hinter den zwölf großen Strahlen stehen. Dies ist die wahre grundlegende Astrologie, die einen Prozess der Evolution umfasst. Der Einfluss des kleinen Tierkreises während einer Inkarnation ist trivial im Vergleich dazu, wenn es auch sehr hilfreich sein kann, ihn zu verstehen.

2. Der Tierkreis ist kein imaginärer „Gürtel", sondern besteht aus „Zonen" oder „Strahlen", die zu bestimmten Jahreszeiten die Erde beeinflussen. Am besten betrachtet man ihn in Gruppen von jeweils vier Konstellationen. Die drei Arten der Kraft – kardinal, fix, veränderlich – beziehen sich auf die drei Strahlen des Lebens; es gibt drei Gruppen, die durch die drei

Strahlen der Zerstörung ausgeglichen werden. Jede astrologische Art ist mit einem dieser Strahlen des Lebens verbunden. Die Strahlen des Lebens und die entsprechenden Sternzeichen variieren in jeder Evolution: die vier heiligen Wesen der gegenwärtigen Evolution hatten diese Bedeutung nicht vor dieser Evolution, trotz der Einflüsse, die sie ausgeübt haben. In der nächsten Evolution werden die vier „veränderlichen" Zeichen heilig sein! Die Zeichen des Tierkreises sind die mystische Grundlage des Kosmos.

3. Der Lauf der Sonne durch den Tierkreis ähnelt der „Sammlung der Glieder des Osiris", das heißt, die Integration der Erfahrungen, die in den verschiedenen Inkarnationen gewonnen wurden, in die Individualität. Sie können gewissermaßen als „Arten der Evolution" auf dem Pfad betrachtet werden. Die Ritter von Arthus, die zwölf Apostel und ähnliche Gruppierungen können sowohl als allegorische Figuren, wie in bestimmten Fällen auch als historische Fakten betrachtet werden.

Wenn wir annehmen, dass die Kraft der Sonne im Horoskop vier Aspekte hat: Horizont, Zenit, Sonnenuntergang und Nadir und dass sie nicht nur durch das solare Zeichen und das des Aszendenten wirken, sondern auch dadurch, welches Zeichen oder welcher Planet sich an der Spitze des zehnten, siebten und vierten entsprechenden Hauses befindet, entdecken wir, dass das im Horoskop der Eingeweihten durch die vier großen ägyptischen Aspekte Ra, Osiris, Tum und Khepera widergespiegelt wird. Die Sonne an sich ist eine Spiegelung von Sirius; Venus wird schließlich in Sothis (Sirius), das Haus von Isis, transzendiert.

4. Evolutionäre Veränderungen beginnen bereits in den kosmischen Sphären. Gegen Ende einer Evolution (die einen großen Zeitraum umfasst) beginnt sich die Gestalt an sich zu verändern, wie am Ende der atlantischen Zeit. In einer solchen Zeit ersetzen große kosmische Wesen diejenigen, die zuvor verantwortlich waren und die äußeren Bedienungen der Erde und Menschen beginnen sich zu ändern, vor allem wegen der „Strah-

len“ oder „Einflüsse“ von fernen stellaren Kräften, die wirksam werden.

Der Kontakt zwischen höherem und niederem Selbst und das Martyrium

Das höhere Selbst tritt auf viele Arten mit dem niederen Selbst in Kontakt. Zunächst sind Kontakte selten und für die „einmal geboren“ geschieht es vielleicht nur einmal oder zweimal im Leben, in Form einer intuitiven Erkenntnis vor einem wichtigen Ereignis. Ein Märtyrer ist in einem gewissen Grad immer ein Eingeweihter, selbst ohne esoterische Erfahrung oder Ausbildung:

Das höhere Selbst schickt eine sehr starke Überzeugung zum Märtyrer hinunter, die vom niederen Selbst um jeden Preis befolgt werden muss, selbst wenn das Ergebnis Leid und Tod ist. Das höhere Selbst ist natürlich nicht an dem interessiert, was das niedere Selbst als Rechte der Religion oder Politik versteht, sondern es befasst sich mit einem Karma, das durch den Tod des niederen Selbst beglichen werden muss oder durch eine Ursache, die aus dem kosmischen Gesetz entsteht und dem niederen Selbst unbekannt ist, verschleiert hinter einer Doktrin oder einem Konzept. Es kann sein, dass der Märtyrer mit seinem Blut eine Sache besiegelt, deren sich das niedere Selbst nicht bewusst ist.

Die Glyphe der Kreuzigung (von zwei Standpunkten aus betrachtet)

1. Die Weltseele und ihre Kreuzigung ist ein wichtiges Symbol. Unser Herr „konkretisierte“ oder „materialisierte“ diese Glyphe durch die Art seines Todes. Die Weltseele jedoch wird am Kreuz der Elemente gekreuzigt, einem Kreuz, das seine Arme ständig durch evolutionäre Entwicklung und, in materieller Hinsicht, durch wissenschaftliche Forschung ausdehnt. Das Kreuz

der Elemente muss seine äußersten Grenzen der Expansion in der heutigen Welt erreichen und gleichzeitig jeden Arm in perfektem Gleichgewicht mit den anderen halten. Die makrokosmische Mutter der Schmerzen und der große Lehrer an jeder Seite der Weltseele am Kreuz der Elemente ergänzen diese große Glyphe. Mikrokosmisch werden sie von der Jungfrau Maria und dem Heiligen Johannes auf beiden Seiten des Kreuzes von Golgatha repräsentiert. Somit ist der „dunkle Aspekt" von Binah (Ama) eine stehende Figur (der „weiße Aspekt", Aima, ist eine sitzende Figur). Der Hymnus „Stabat Mater Dolorosa" ist von großer Bedeutung, da er durch seine Art und Kraft ein „Binah" Ritus ist, auch durch sein dreifaches Reimschema. Der Schmerz im Makrokosmos beinhaltet Erkenntnis des großen Gesetzes, aber im Mikrokosmos beinhaltet es Nicht-Erkennntis. Dennoch, je tiefer die Fähigkeit Schmerz zu fühlen ist, desto tiefer ist die Erkenntnis, die schließlich erreicht wird.

2. Das Universum ist eine logoidale Gedankenform und seine Entwicklung ist sozusagen die Entfaltung eines Traumes Gottes. Ebenso wie die Träume der Menschen, kann der erhabene Traum durch einen Code analoger Bedingungen interpretiert werden, die dem entsprechen, was die Menschen Symbole nennen. Die Chiffre dieser Welt wird am besten als Figur auf einem Kreuz dargestellt. Der Logos ist sich seiner Schöpfung in einer komprimierten Form bewusst, die nach und nach ihre Bedeutung entfaltet: Bilder dieser Art können als „Arch-Archetypen" bezeichnet werden. Es spielt keine große Rolle, welcher Name dem Welt-Symbol gegeben wird. Es kann als „der in der Materie gekreuzigte Geist" oder „der Mensch am Kreuz der Elemente" bezeichnet werden und es kann mit dem historischen Ereignis in der Nähe von Jerusalem vor 2000 Jahren in Verbindung gebracht werden. Ein solches Symbol ist dazu bestimmt, sich esoterisch mit jedem, der diese Stufe der Evolution erreicht, zu verbinden.

Diese Errungenschaft wird zuerst durch einen Erlöser erreicht, der das Bild zu Malkuth bringt; es wird schließlich durch die einzelnen Individuen auf individuelle Weise erreicht. Auf jeder Seite der Weltseele steht eine Figur – eine ist die Jungfrau-Mutter, die durch Schmerz sowohl die Generation (Erzeugung) als auch die Regeneration hervorbringt, die andere ist der Verstand der Weltseele, der an ihrer Seite wacht, um ihr Mut zu machen und ihr zu helfen und er ist das Symbol der Anführer und Meister. In der Geschichte der Christenheit sind die Jungfrau Maria und der Heilige Johannes die Vertreter einer großen kosmischen Glyphe, die schon vor der Zeit existierte. Jedoch werden diese Vertreter, die mit der Glyphe im Laufe der Zeit verbunden werden, selbst zu „Glyphen der Glyphe“!

Die Ankunft des kosmischen Christus im Wassermannzeitalter, die Rückkehr des erlösten „Merlin, Arthus“ und der arthurianischen Figuren in die Sphären der Rassen beziehen sich auf die Zeit, in der der Mensch selbst die Überreste seines Karmas, das nicht durch den letzten großen Erlöser getilgt wurde, übernimmt. Dieses individuelle Karma – das als kleinstes Teil des Karmas angesehen werden sollte – muss vollkommen verstanden werden, damit es aufgelöst werden kann.

Unser Herr nahm das auf sich, was als „massives Ungleichgewicht“ der gesamten Evolution bezeichnet werden kann und als Aspekte der individuellen Sünde, die die Maschinerie des Universums blockiert haben. Das Gewicht von Millionen von Jahren der Sünde wurde daher auf den göttlichen Sündenbock übertragen, der es in der kurzen Zeit, die wir kennen, erlöste. Dieser Erfolg zeigt die große Bedeutung des Verständnisses im Vergleich zum relativ geringen Wert der Zeit selbst. Es ist äußerst wichtig zu verstehen, was Erkenntnis ist, und dass sie wenig Zusammenhang mit der Zeit auf der physischen Ebene hat. Wahre Erkenntnis in ihren unzähligen Graden der Intensität impliziert ein bestimmtes Maß der Auflösung von Karma und des Zerreißens des Vorhangs zwischen dem Menschen und seinem kosmischen Ursprung; dieser Schleier entstand in der lemurischen Zeit durch die lemurische Sünde. Vor dieser Sünde und der Trennung der Geschlechter in der Evolution bestand der Mensch aus dem höheren Selbst in Kontakt mit dem göttlichen Funken; es gab keine Persönlichkeit, wie wir sie heute kennen. Die ersten „Projektionen" aus dem höheren Selbst, wie wir sie jetzt verstehen, wurden um das „Ego" herum erschaffen, als Folge des lemurischen Schattens.

Anmerkungen zu Wahnsinn, lemurischer Sünde, usw.

Die Einstellung im Wassermannzeitalter gegenüber Wahnsinn ist sehr verschieden von der im Fischzeitalter, die von so viel Scham und Verlegenheit begleitet wurde. Es war eine schreckliche Sache, wenn ein Mitglied der Familie in einem Heim war, aber im Wassermannzeitalter werden sehr viel mehr Menschen offen in psychiatrischen Kliniken behandelt werden und viele werden aus freiem Willen dorthin gehen. Die Heilung im Wassermannzeitalter wird mehr auf psychische Konflikte und Probleme, anstatt auf körperliche Krankheit bezogen sein. Dies ist verbunden mit dem Beginn der endgültigen Auflösung der Getrenntheit des „Egos" und mit dem richtigen Verständnis des Ring-Chaos. (Siehe die „Kosmische Doktrin")

Wahnsinn bedeutet eine Weigerung, die Realität des Ring-Chaos als Schubkraft zu akzeptieren, und die Leugnung der Notwendigkeit, die Veränderung zu akzeptieren und zu suchen. Er ist eine sehr starke Heimsuchung der Kräfte der Heiligen dritten Sephirah (Binah), denn die Kräfte der dunklen Mutter (Ama) und des Ring-Chaos sind eins. Die Auflösung des Egos ist die dritte Geburt und beinhaltet ein esoterisches, bewusstes und vollkommen kontrolliertes „Hinausgehen des eigenen Verstandes" in das kosmische Ganze. Jede Verweigerung, die Auflösung des Egos zu akzeptieren, wird psychische Störungen mit sich bringen, denn wenn das Ego zu diesem Zeitpunkt dem evolutionären Gesetz nicht gehorcht, kann es sich so „aufblasen“, dass seine Fesseln unfreiwillig und ohne jede bewusste Kontrolle gesprengt werden.

Man könnte sagen, dass der Unterschied zwischen Wahnsinn und der dritten Geburt der ist, dass im Wahnsinn das Ego unfreiwillig seine Fesseln sprengt und bei der dritten Geburt das Ego mit Wissen und Hingabe bewusst aufgelöst wird – es gibt ein bewusstes absichtliches „Zerreißen des Schleiers“ und der Adept nimmt seine Arbeit als ein entwickeltes Teil des großen Ganzen auf, „individuell“, aber nicht „getrennt“!

Der „lemurische Schatten“ war im Grunde die „Sünde der Trennung“.

Am Anfang war es beabsichtigt, dass die Evolution durch die Erfahrung der Differenzierung als Folge der epigenetischen Faktoren in den Atomen fortschreiten sollte (in der Terminologie der „Kosmischen Doktrin“); aber das Ergebnis der lemurischen Sünde war die Trennung des höheren Selbst vom niederen Vehikel und der physischen Form, die als eine der vielen negativen Ergebnisse den Verlust der Erinnerung an die höheren Bewusstseinszustände mit sich brachte. Der göttliche Funke (oder das logoidale Bewusstsein) konnte dies nicht verhindern, da er auf seiner eigenen Ebene den für die Manifestation notwendigen formgebenden Aspekt nicht bieten kann. Die Manifestation auf der physischen Ebene entwickelte daher das „Ego-Bewusstsein“ - das Bewusstsein eines einzelnen Wesens. Hätte es eine „Differenzierung“ und nicht „Trennung“ gegeben, wäre das resultierende Bewusstsein das der „Individualisierung“ gewesen.

Es liegt viel am Verständnis und der Einsicht des Unterschieds zwischen dem, was das „Individualisierungs-Bewusstsein“ gewesen wäre und dem, was das „Ego-Bewusstsein“ oder „Trennungs-Bewusstsein“ ist. Der Mensch muss letztendlich das

„Individualisierungs-Bewusstsein“ erreichen, in dem der göttliche Funke, das höhere Selbst und das niedere Selbst in Harmonie funktionieren und das Bewusstsein des Körpers von Malkuth als das erkannt wird, was es wirklich ist, eine Zelle im Körper der „Mutter Erde“!

Ein grundlegendes Problem der menschlichen Evolution als Ergebnis des „Falls“ ist der Konflikt im Individuum zwischen den elementaren und spirituellen Aspekten des einen Lebens. In seinen schlimmsten Formen führt dieser Konflikt zu einer Art von Schizophrenie, in der das elementare Leben der Person vollkommen getrennt vom spirituellen existiert.

Hinweis: Dieses Thema ist sehr weitreichend und schwierig. Die verwendete Sprache und die vermittelten Ideen sind sozusagen „Annäherungen“; d. h., sie sollen mehr zu einem Verständnis des Themas führen, als genaue und schnelle Definitionen zu geben. Diese Bemerkungen gelten auch für die Glyphe der Kreuzigung. Im Allgemeinen werden solche überlieferte Lehren gegeben, um dem Verstand zu helfen, zu eigenen Schlussfolgerungen und Erkenntnissen zu kommen.

Pan als Symbol. Der „große Gott Pan“ ist im letztendlichen Verständnis eine Chokmah-Figur im solaren logoidalen System. Er ist ein Symbol, das eine Verbindung mit dem Symbol der „Schlange, die sich in den eigenen Schwanz beißt“ herstellt! Im großen Gott Pan liegt das Verständnis sowohl des Anfangs als auch des Endes der Sexualkraft. Er repräsentiert das „Erwecken von Kundalini“ und er stellt auch die Kraft dar, die im Dienst der höheren Magie der Weisheit eingesetzt wird. Doch ist jede Figur, die die Verbindung von Anfang und Ende repräsentiert, nur ein Symbol und muss irgendwann verblassen, um der Wirklichkeit zu weichen. Die Realität des großen Gottes Pan kann nicht weniger sein, als ein Teil des Sonnenlogos. An dem Sprichwort „alle Götter sind ein Gott und alle Göttinnen sind eine Göttin und es gibt einen Verursacher“ sollte ständig gearbeitet werden. Der eine „Verursacher“ vermehrt die Erkenntnis als Folge der zunehmenden Integration des höheren Selbst und der Persönlichkeit, die zum „leeren Raum“ in Daath führt. Daher repräsentieren alle Götter und Göttinnen in unterschiedlichem Maß und auf verschiedenen Ebenen Aspekte des einen Gottes, der sowohl „männlich“ als auch „weiblich“ ist!

Byron. Nicht-menschliche Kräfte überschatten manchmal die menschlichen und bringen Einflüsse anderer Rassen als die der Menschen. Die verschiedenen Rassengruppen unterscheiden sich in ihren Einflüssen, daher die verschiedenen Arten von Elementalen, die in verschiedenen Ländern „gesehen“ werden. Byron ist ein Beispiel eines Menschen, der durch Kräfte von mehr als einer Rassengruppe beeinflusst wurde. Außerdem hatte er eine dämonische Form des „Daimon“, die sein höheres Selbst überschattete, und dieser Daimon hatte in dieser Inkarnation keine Möglichkeit, sich zu manifestieren, außer durch den Intellekt. Die revolutionären Kräfte, die zu Byrons Zeit am Werk waren, waren in der Lage diesen dynamischen Daimon bis zu einem gewissen Grad zu nutzen, aber mehr als die Hälfte blieb unausgesprochen. Deshalb existierte immer ein gewisses Gefühl von „sich in Stücke zu reißen“ und alles mit größter Dringlichkeit zu tun in Byrons Leben, da die Zeit knapp war. (Der Dichter starb im Alter von 36 Jahren).

Form (in Binah und Jesod). Binah repräsentiert das Konzept jenseits der Form und sein Erzengel repräsentiert die Intelligenz jenseits der Form, „der formlose Erbauer der Form“, der sowohl hinter den dunklen als auch den hellen Aspekten agiert. Jesod repräsentiert das ätherische Gitter der Form.

Die Heilung und die vier Elemente. Das Wassermannzeitalter beschäftigt sich insbesondere mit „Luft-Heilung“ durch die Verwendung des menschlichen Verstandes und bestimmter Kräfte der Luft – deshalb verweist Steiner auf den Wert der Mistel, die ein Symbol der Luft ist. In diesem Zeitalter sollten neben dem speziellen Aspekt der Luft die heilenden Werte aller vier Elemente wieder eingeführt werden und deren Kräfte verstanden werden. In jedem Element gibt es sowohl schädliche als auch heilende Kräfte. Die großen Heiler früherer Zeiten arbeiteten hauptsächlich durch einen bestimmten „Strahl" der Sonne und auf verschiedenen Ebenen dieses Strahls. Unser Herr verwendete diesen solaren Strahl, indem er ihn durch sich selbst zu anderen hinunterleitete. Andere solare Heiler verwendeten eine andere Ebene dieses Strahls und brachten ihn in Kontakt mit dem höheren Selbst des Patienten, wo er sich dessen Persönlichkeit näherte; sie waren selbstverständlich nicht in der Lage, Kontakt mit dem gleichen Maß an Kraft herzustellen, wie unser Herr.

Archetypen (siehe auch vorherige Anmerkungen). Man sollte nicht vergessen, dass Archetypen, obwohl sie einen bestimmten definierten Aspekt der Kraft besitzen, in Phasen arbeiten. Daher arbeiten die drei großen logoidalen Aspekte (Liebe, Weisheit, Kraft) jeweils in drei Phasen. Zum Beispiel arbeitet der Weisheitsaspekt durch Weisheit-Weisheit, Weisheit-Kraft, Weisheit-Liebe. Bei der Entwicklung eines Eingeweihten kann es manchmal anscheinend einen Rückschritt geben zu einer Art der Manifestation, die anscheinend schon überwunden wurde; aber was wirklich passiert ist, ist, dass während des Ablaufs der Einweihung jeder Pfad auf einer höheren Stufe nachvollzogen wird. Daher kann eine archetypische Kraft die Arbeit der vergangenen Jahre wieder aufnehmen, aber auf einem höheren Niveau. Die untere Kurve einer neuen Spirale der Entwicklung entspricht der ansteigenden Kurve der vorherigen Spirale.

Der Wächter (oder Wächter des Turms) ist eine archetypische Figur, die manchmal von den Inneren Ebenen verwendet wird, um der Seele zu helfen, ihre wahre Bestimmung zu erkennen. Er stellt den ewigen unzerstörbaren Teil jedes Einzelnen dar, der das höhere Selbst mit dem göttlichen Funken verbindet. Er erkennt nur die Realität und daher versuchen seine

Handlungen alles zu zerstören, was die Erkenntnis des Schicksals einer Seele behindert. Der zeitliche Teil jedes Einzelnen wird letztlich zerstört, weil er vom Wächter nicht erkannt wird. Er ist eine Figur der Ewigkeit, unbeweglich, unveränderlich, er gehört der Vergangenheit, Gegenwart und Zukunft an und verwandelt sie in eins. Er ist eine Figur des Daath, verbunden mit dem abstrakten Verstand und den ursächlichen Ebenen. Horus wird manchmal als Herr des Wassermannzeitalters bezeichnet. Er ist ein vollkommenes geflügeltes Wesen, das in sich selbst seinen Vater Osiris und seine Mutter Isis enthält. Isis und Osiris waren in urzeitlichen Tagen ein Wesen und haben sich später in zwei geteilt. Ihr Sohn stellt beide auf einer neuen Stufe dar, wieder in einem Wesen vereint. So stellen Isis und Osiris die früheste lemurische Zeit dar und Horus repräsentiert die vollendete Wassermann-Version dieses Zeitalters, erhoben auf eine spirituelle Ebene – daher die Flügel.

Erdgebundene Seelen. Erdgebundene Seelen können ganz allgemein in zwei Typen unterteilt werden.

1. Die Art der Seele, die aufgrund karmischer Folgen engen Kontakt mit den Bedingungen der Erde hat. In der Phase, die dem physischen Tod folgt, kann eine solche Art von Seele leicht zurückgezogen werden, weil die Vibrationen der „Erde“ stärker sind als der spirituelle Körper der Seele, bis eine bestimmte Zeit vergangen ist, in der der spirituelle Körper für Aktivitäten auf den höheren und subtileren Ebenen angepasst wurde. Dies ist einer der Gründe, warum „Engel“ gegenwärtig sind, wenn ein Mensch stirbt, sie beschützen ihn während der Phase der Anpassung an die neuen Bedingungen, ihre Schwingungen helfen ihm, sich in einen „neuen Wohnsitz“ zu begeben. Wenn die Seele zurückgezogen wird, ist es in der Regel aufgrund der Schwäche in der ethischen Natur oder wegen Überflutung durch irdische Kräfte, aufgrund spezieller evolutionärer karmischer Faktoren – oft in Verbindung mit anderen, die noch auf

der physischen Ebene bleiben. Solchen Seelen wird auf den inneren Ebenen sowohl von weiterentwickelten Menschen als auch von Engeln geholfen.

2. Die starke Art von Seele, die wegen ihrer eigenen Bequemlichkeit so nah wie möglich an den Bedingungen der Erde bleiben will und sich weigert, die subjektiven Erfahrungen zu erdulden, die den spirituellen Körper formen. Diese Art von Seele erkennt, dass ohne „einen Körper" die Kräfte zu zerfallen beginnen und dass dies die Zerstörung ihrer Art zu leben bedeutet. Deshalb beginnt sie einen gewaltigen Kampf und verursacht das, was als „Spuk" bekannt ist und sie kann, um sich selbst zu erhalten, die Besetzung von Tieren und Wesen niederer Entwicklung nutzen. Es für den Adepten notwendig, sich mit solchen Fällen zu beschäftigen, da der „Wille" eines Menschen beteiligt ist. Wenn ein Fall so ernst wäre, dass der „Wille" gebrochen werden müsste, wäre das Ergebnis die Auflösung der menschlichen Seele; die Adepten arbeiten, um den „Willen" zu ändern, wenn irgendwie möglich. Die unangenehmen, erschreckenden und manchmal gefährlichen Symptome des Spuks sind der Tatsache geschuldet, dass dieser verstorbene Mensch durch seine höhere Stufe für eine bestimmte Zeit – bis die höheren kosmischen Kräfte eine Mauer errichtet haben, um das zu verhindern – die Schwingungen der Erde oder einer niederen Art von Wesen manipulieren und kontrollieren kann. Ein Adept der innere Ebene ist in seiner Arbeit bei diesen Bedingungen eingeschränkt, da er keine physische Form hat, mit der oder durch die er arbeiten kann, weil die höheren Kräfte, die hinunter gebracht wurden, um die Mauer zu errichten, die die Seelen effektiv von den irdischen Kontakten trennen, durch eine physische Form „geerdet" werden müssen. Andernfalls fehlt es der Mauer, so stark sie auch ist, an Wurzeln und eine starke erdgebundene Seele wird sie umstürzen. Ein Spuk wird aber auch durch Angst genährt. Aus diesen Gründen brauchen die Adepten bei dieser Arbcit cincn starken

Adepten mit mitfühlendem Verständnis auf der physischen Ebene. Die Adepten auf der inneren Ebene befassen sich mit den kosmischen Kräften und der Individualität des Menschen; die Mitarbeit eines Adepten der physische Ebene wird bei den unteren Ebenen der Erdekräfte und den beteiligten Persönlichkeiten der Menschen benötigt. Wenn sie richtig verstanden wird, hat diese Arbeit eine regenerative Wirkung auf alle, die in irgendeiner Weise beteiligt sind.

Erde und Venus. Die Erde war in einer sehr frühen Phase in der Sphäre der Venus „inkarniert". Folglich gibt es einen Kontakt zwischen Venus und Erde. Netzach hat als eigene Symbole die Rose und die Lampe – zwei wichtige Symbole der Rosenkreuzer – und dazu den Gürtel. Netzach bedeutet weit mehr als die Sphäre der Romantik. Hier finden wir drei Symbole, die von den Rosenkreuzern verwendet werden und hier ist die Sphäre, von der der große Manu den Menschen die drei Gaben brachte. Die innere Bedeutung des Gürtels bezieht sich auf den Kontakt der Erde mit Venus. (Die Legende vom Gürtel der Ishtar – der letzte Besitz, den die Göttin auszuhändigen aufgefordert wurde, bei ihrer Suche nach Tammuz in der Unterwelt – muss eine tiefe spirituelle Bedeutung gehabt haben). Die Erde stellte während ihrer venusischen Phase Kontakt zum tiefen spirituellen Bewusstsein her und von der Venus kam durch den Manu Melchisedek eine spirituelle Lehre zur Erde in ihrer gegenwärtigen Phase. Zwischen den drei Symbolen von Netzach in der mystischen Kabbala und diesen drei Gaben des Manu gibt es eine innere Verbindung bezüglich der Bedeutung, wenn auch nicht der Form; die Lampe ist verbunden mit Asbest, denn nur wenn ein Mensch dem spirituellen Feuer und Wasser standhalten kann, kann er diese Lampe in der Hand halten. Dies ist die Sphäre, in der die Lampe ist, welche die Flamme enthält und vorzeigt. Die Flamme wird von Chokmah erschaffen und von Geburah angefacht, aber auf die Erde von Netzach gezeigt. Netzach ist gemäß einer Tradition die Quelle des Grals – der Smaragd, der aus Luzifers Krone fiel, als er auf die Erde kam.

Astrologie. Man sagt, dass die ersten gestaltenden Kräfte aus dem Auge der Konstellation Taurus, der mit Aldebaran verbunden ist, auf die Erde strömten. In den frühesten lemurischen Tagen kamen bestimmte Adepten vom Planeten Jupiter auf die Erde, der einen mit der Erde verbundenen „Geheimplan" aufweist.

Kräfte der Rassen. In diesem Zeitalter sind alle Kräfte der Rassen einem Wandel unterzogen; die Engel der Rassen selbst werden von weit entfernten Bereichen durch andere kosmische Wesen beeinflusst. Wenn ein Mensch wiedergeboren wird, ist die Rasse, zu der er gesendet wird, keineswegs ein Zufall, denn die verschiedenen notwendigen Lektionen und die verschiedenen karmischen Details, die erarbeitet werden müssen, gibt es nicht immer in der Rasse gefunden, zu der es eine natürliche Anziehung durch vergangene Leben gibt. Unter Berücksichtigung dieser Tatsache können wir Verständnis entwickeln für den „Verräter", den „aggressiven Pazifisten" und solche Personen, die wahrscheinlich in ihrer letzten Inkarnation eine Verbindung zu einer Rasse hatten, die zu jener Zeit zu Recht bestand, aber jetzt vielleicht fehl am Platz ist.

Der unentwickelte Mensch wird oft zu einem gewissen Grad von seinem ehemaligen ethnischen Engel beeinflusst. Der weiterentwickelte Mensch erkennt, dass er dem Engel seiner gegenwärtigen Rasse verpflichtet ist, aber sein vergangenes Leben kann es ihm ermöglichen, „feindliche" Kräfte in Kriegszeiten mit besonderen Fähigkeiten zu handhaben. Die Rassen sind heutzutage weniger durch Blut definiert; es existieren mehr Kategorien der Sprache, das Blut vermischt sich mehr und mehr. Die Einflüsse des Gebietes, auf dem eine Rasse zuerst angesiedelt wurde, verbleiben als jedoch als unterbewusste Elemente, oder um es anders auszudrücken, Leute derselben Sprache sind Erben der Kräfte des Landes, in dem die Sprache sich entwickelt hat.

Die Blut-Bande stellt das Element Feuer dar, zu dem auch die Engel der Rassen gehören. Das Band der Sprache stellt das Element Luft dar. Darüber gibt es viel zu lernen im Studium des Okkultismus der Sprache.

Im Laufe der Zeit werden wir dazu neigen, wieder eine Wurzelrasse zu bilden und Europa bewegt sich darauf zu (inklusive Großbritannien). Die russische Rasse neigt zum Osten und dazu, sich über Sibirien wieder mit den mongolischen Kräften zu verbinden. Hinter diesen mongolischen Mächten existieren entfernte positive Kräfte, die von Tibet aus allmählich an Russland arbeiten. Die symbolische Formel der Rasse und Sprache ist der Turm von Babel. Dieser Turm wurde unzeitgemäß gebaut und musste deshalb zerstört werden. Es sollte jetzt gebaut werden, denn nun neigen wir zu Recht dazu, „den Himmel zu erreichen" und „eine einzige Sprache" zu haben!

Eitelkeit. Abgesehen von ihrer leicht erkennbaren Manifestation kann die Eitelkeit das Ergebnis einer Form von Hass und Abneigung gegenüber der Persönlichkeit durch einen „abtrünnigen Aspekt" Aspekt eines höheren Selbsts sein. In einem solchen Fall wurde die Persönlichkeit aus früheren Zeiten wahrscheinlich von diesem abtrünnigen Aspekt verschmäht und das für die Inkarnation vorgesehene Instrument abgelehnt oder seine Erfahrungen zurückgewiesen.

Eine Art von Hass kann während der gesamten Zeit von dem, was die innere Ebene der Persönlichkeit zu sein scheint gegen die Persönlichkeit selbst gerichtet sein, was zu einer langsamen und schleichenden Form von Selbstmord führt. Schmeichelei oder sogar Trost von Anderen ist nicht akzeptabel für diese Art der Eitelkeit, die nur ihre eigene verzerrte Widerspiegelung beherzigt. Deshalb beeinflussen die verzehrten Meinungen des falschen Bildes oder Aspektes alles, was das Selbst betrifft. Selbstliebe und Selbsthass sind zwei Seiten derselben Medaille.

Engel der Rassen (siehe auch oben)

Diese Engel entwickeln sich ähnlich wie das höhere Selbst der Menschen und müssen andere Stufen der Evolution erreichen, was in ihrem Fall bedeutet, für eine andere Rasse zu arbeiten. Wie bei den Menschen kann die Hauptkraft der Engel der Rassen aus der Harmonie mit seiner Quelle geraten und dann kann eine bösartige Macht die Kraft des Engels der Rassen benutzen, so wie eine negative Persönlichkeit die Kraft seines höheren Selbst auf falsche Weise benutzen kann. Die Engel der Rassen können bis zu einem gewissen Grad mit dem individuellen Schutzengel verglichen werden. Letztere sind Verkörperungen des logoidalen Willens, die in Wesenheiten abgespalten und mit jedem menschlichen Individuum verbunden wurden, als die spirituelle Differenzierung stattfand. Die Engel der Rassen sind Wesenheiten, die einen der besonderen Aspekte desjenigen Manus beinhalten, der zuerst den Hauptzweig der Rasse geführt hat. (So hat der arische Leiter Rama Aspekte seiner Macht in den verschiedenen arischen Völkern hinterlassen.)

Die Engel der Rassen verdienen – wenn sie sich korrekt entwickelt haben – einen Platz an der sideralen Tafelrunde. Ab und zu wird eine politische Maßnahme eingeführt, die dieses Konzept verdeutlicht. Immer wieder wird festgestellt, dass der Platz erst nach langer Zeit besetzt wird – so wie ein Mensch nicht an der Tafelrunde sitzen kann, bis er König seiner selbst ist. Engel von großen und unterentwickelten Rassen sind nicht auf der gleichen Stufe wie die Engel der verhältnismäßig entwickelten Nationen. Es gibt einen Mangel an Zusammenhalt unter den Vehikeln solcher Rassen, die in der Regel nicht richtig mit dem Gruppengeist verbunden sind. Unter solchen Bedingungen kann eine starke und intrigante Gruppe einen „falschen“ Engel erschaffen und dieser „falsche“ Engel nimmt den Platz des wahren Wächters der Rasse ein, der nicht stark genug mit der Gruppe verbunden war. Wenn mehrere Völker zu einem verschmelzen, befinden sich die verschiedenen Engel dieser Völker in einer Aura und diese Aura kann als eine große Überseele betrachtet werden. Auf diese Weise sind die verschiedenen Katzen-Gruppen in der Überseele oder Aura des Erz-Löwen enthalten und die Erde und der aktuelle Mond sind Teile einer Überseele oder Aura.

Uriel und Sandalphon. Uriel ist der Regent des Elements Erde, Sandalphon der Sphäre der Erde (Malkuth) und sie sind miteinander verbunden und beide Regenten eines der dichtesten Aspekte der Kraft. Sandalphon herrscht über die Struktur der Lebensformen innerhalb dieses Planeten – also herrscht er über die Evolution des Bewusstseins und der Gestalt auf der Erde und ist der Herrscher der „feurigen Seelen"; dies ist ein symbolischer Name für das Bewusstsein der Atome. Uriel herrscht über die grundlegenden Kräfte der Erde selbst, insbesondere die seismischen Kräfte und er war mit diesem Planeten verbunden, bevor der Mensch ihn bewohnte.

Er hat die Evolution der Erde geleitet, bevor ihre Form sich verfestigt hat, als sie sich in den feurigen und wässrigen Phasen befand. Er soll die atlantischen Katastrophen vorausgesagt haben und soll der Lehrer von Enoch gewesen sein. Uriel brachte die große Sintflut – oder zumindest hat er sie über die Erde verhängt, als ein Diener der höheren Mächte. Durch ihn bekamen Feuer, Wasser und Luft die esoterische „Erlaubnis", auf der Erde zu arbeiten. Einstmals war Uriel ein Regent auf dem alten Mond und dadurch ist ein Teil seiner Macht mit der inneren Erde verbunden.

Die Mächte der inneren Erde sind verbunden mit dem alten Mond (der Mond, der dem aktuellen Planeten voranging) und den voratlantischen Zeiten, als das menschliche Bewusstsein der Natur des Atziluth von Jesod angehörte. Die innere Erde ist mit einer bestimmten Art der körperlichen Heilung verbunden, weil sie die erste Manifestation der vier Elemente und die grundlegenden Komponenten des menschlichen Körpers enthält.

Raphael und Michael werden zuweilen beide der Sonne zugeordnet. Raphael repräsentiert die grundlegenden Kräfte der Sonne, da er „in der Sonne ist". Michael repräsentiert die solaren Kräfte in ihrem Aspekt der spirituellen Kraft. So leitet er einen Aspekt der Macht hinter einem „solaren Helden", sei es ein Gott, ein Halbgott oder ein Mensch, und da er das überirdische Feuer repräsentiert, ist es seine Aufgabe, das Bewusstsein vor der Annäherung des höllischen Feuers zu schützen. Er ist Herrscher über die heiligen Beni Elohim. Ein „unheiliger" Teil dieser Beni Elohim beteiligte sich an der schwarzen Magie von Atlantis.

Erdulden. Das esoterische Konzept des Erduldens als Tugend ist keineswegs eine Form der „Sklavenmentalität". Es ist die Kraft der Steine, die nicht bewegt werden können und das volle Bewusstsein über diese Kraft.

Saturn und eine Anmerkung über Tiere. Die „Saturn-Evolution" der Menschheit war das goldene Zeitalter, denn Saturn war die erste „Sonne" unserer Menschheit – nicht die Sonne-hinter-der-Sonne, sondern einfach die erste Sonne. Die Materie wurde damals von diesem Planeten abgezogen und auf anderen Ebenen verwendet und Saturn wurde der „Planet des Todes und der Beschränkung"! (Die höheren Ebenen der dunklen Mutter beschäftigen sich mit dem Abbau und Aufbau der Trümmer der Universen, d. h., dem Chaos.) Das war Eden oder das goldene Zeitalter und seine Symbolik beinhaltet viel Interessantes. Saturn war sowohl mit den solaren als auch den lunaren Entwicklungen sehr ferner Zeitalter verbunden. Sein magisches Metall ist Blei; die Verwandlung dieses Bleis in Gold ist ein bekannter symbolischer alchemistischer Vorgang. Die Tiefe dieser Symbolik liegt in der Tatsache, dass das Blei in Gold zurückverwandelt werden muss. In der „Kosmischen Doktrin" wird der Stern Alpha Centauri erwähnt und der Stern Gamma dieser Konstellation war der Erste, der vom logoidalen Verstand kontaktiert wurde, als er den Beginn der Entwicklung der menschlichen Gestalt plante. Die höheren

Tiere sind Entwicklungen der logoidalen „Experimente“, die menschlich hätten werden können, wenn ihre Überseelen nicht in bestimmten Punkten gescheitert wären. Die vier höchsten Arten spielen jedoch eine wesentliche Rolle bei der Entwicklung des Menschen – die vier heiligen Lebewesen. In der Sphäre des Zentaur wurde allerdings etwas erreicht, das der korrekten Gestalt nahekommt. Deshalb ist Zentaur eine Konstellation von großer Bedeutung und das astrologische Äquivalent, wenn es in einem Horoskop stark ist, kann eine besondere Fähigkeit für das Verständnis der Menschheit anzeigen. Es ist auch leicht zu verstehen, warum die zutiefst entartete Nutzung des Wissens über diese Dinge eine Art negativer Inspiration für die lemurischen Sünder war.

Archetypen (siehe auch oben). Die Verschmelzung mit einem kosmischen Archetyp ist ein sehr bedeutender Akt. Es bedeutet, dass ein spirituelles Konzept, das vom logoidalen Verstand empfangen wurde, zu einer Wirklichkeit in Malkuth wird, weil es gelebt wird. Dieses Konzept wird der Menschheit zuerst in Form eines Mythos gegeben – und ein Mythos kann verglichen werden mit einem Traum des logoidalen Unbewusstseins, der dann zu einer Projektion des menschlichen Bewusstseins wird.

Sich mit einem Archetyp zu beschäftigen, hilft einer Seele, einer Gruppe oder Nation einen Aspekt von sich selbst zu erlösen und zu integrieren, der zuvor entweder zurückgewiesen oder falsch projiziert worden ist. Daher gibt es viele Arten von Archetypen, einige, die sich speziell mit der Persönlichkeit befassen und einige, die sich mit der Individualität sowie den universellen und logoidalen Archetypen befassen, die auf Gruppen und Nationen angewendet werden können. All das ist ein Teil des Prozesses der Integration.

Pendragon. Das arthurianische Symbol des Drachen bezieht sich auf Lemuria, als der Polarstern sich im Sternbild des

Drachen befand. Es verwandelt sich entweder zu der geflügelten Schlange der höheren Weisheit oder der bösartigen Schlange.

Tod, Veränderung, Reinkarnation, usw. Das System der „Veränderung" – das sich später in „Tod" verwandelte – bestand zuerst aus Phasen des Rückzugs aus der irdischen Ebene; der Verfall des physischen Vehikels war noch nicht stereotyp geworden. Das physische Vehikel war noch nicht wirklich physisch, in dem Sinn, in dem wir das Wort heute gebrauchen; es war ein verdichtetes ätherisches Vehikel, das man abstreifen konnte, wie eine komplette Haut, die ein anderes menschliches Wesen dann benutzen konnte, während der ehemalige Besitzer wieder zu Phasen des Lebens auf der inneren Ebene zurückkehrte, bis er wieder Kontakt herstellte mit der Erkenntnis seines eigenen Ursprungs beim Eintritt in das solare logoidale System – indem er rückwärts den Weg der menschlichen Evolution noch einmal durchlief.

Eine solche Reise, zu der das inkarnationäre Wesen seine eigene Erfahrung und seine eigenen Anteil an Entwicklung beisteuerte, war viel einfacher und kürzer, als sie zurzeit ist, denn wir sprechen über den Anfang der Menschheitsgeschichte. Nun ist der Prozess lang und kompliziert, da nach dem Ende durch den physischen Tod, nach einer Periode der Entwicklung auf der Erde, der Geist des Menschen eine lange Reise von Prozessen zwischen den Inkarnationen durchläuft, in denen die Entwicklungsphasen des höheren Selbst wieder durch die früheren Ketten seiner Entwicklung, bevor die Menschheit auf der jetzigen Erde lebte, rekapituliert werden. Das geschieht zur gleichen Zeit, in der die Persönlichkeit und die höheren Vehikel in Meditation die Erfahrungen der gerade beendeten Inkarnation rekapitulieren und verarbeiten. Jeder Fortschritt folgt dem Gesetz der Rekapitulation, das die großen Gesetze der Veränderung, Transmutation und des Opfers beinhaltet. Die physische Rekapitulation kann in den frühen Stadien des menschlichen Embryos beobachtet werden.

Im Wassermannzeitalter ist Jesod sehr mit Erlösung und Gleichgewicht befasst.

Anmerkungen über die inneren Vehikel des Menschen. Im „heroischen Zeitalter“ (und auch in späteren Zeiten bei den griechischen Philosophen) arbeitete der Verstand nicht genau in der gleichen Weise, wie er es heute tut. Im „heroischen Zeitalter“ wurde das konkrete Denken sicherlich angewendet und befand sich in Entwicklung, aber es war nicht annähernd so entwickelt, wie später.

Daraus geht hervor, dass die großen Archetypen und die Prinzipien dahinter durch den ätherischen Körper arbeiteten, in einer Art und Weise, die heutzutage nicht möglich wäre. Daher kann man in Geschichten von damals eine makrokosmische Erhabenheit im Mikrokosmos erkennen. Der konkrete Verstand spielte eine relativ kleine Rolle für den Menschen, aber der abstrakte Verstand war in der Regel in Verbindung mit dem „Denker“ der Epoche. Heutzutage ist das Gegenteil der Fall, denn das abstrakte Denken hat bei den Nicht-Eingeweihten generell abgenommen und es ist das Schicksal des modernen Menschen, hauptsächlich mit dem konkreten Verstand zu arbeiten.

Deshalb sieht man heutzutage alles aus einer anderen Perspektive. Großes Heldentum existiert heutzutage tatsächlich noch, aber es wird nicht direkt von den makrokosmischen auf die ätherischen Ebenen widergespiegelt. Für den modernen Verstand zum Beispiel erscheint es grausam und schrecklich, dass Achilles den Körper von Hector, nachdem er ihn erschlagen hatte, um die Mauern Trojas geschleift hat, aber wahrscheinlich dachten sogar die Trojaner nicht auf diese Weise. Es war eine „gigantische“ Rache von Achilles und Hector im großen Stil – eine Rache, an der sowohl die Überseelen der Griechen, als auch die der Trojaner teilhatten. So entsteht ein Drama oder in der Sprache der Mysterien, so entstehen und funktionieren Rituale.

Der "Meister" (siehe auch oben)

Im Osten, vor allem in Indien, sind die Bedingungen und die Atmosphäre viel leichter von den Inneren Ebenen zum Zwecke der Manifestation manipulierbar. Solche Manifestationen gehören dem ätherischen oder subtilen Aspekt der Materie an und können, da sie der Materie angehören, als „physisch“ bezeichnet werden, aber diese Bezeichnung hat dann eine Bedeutung, die sich etwas von dem unterscheidet, was wir in der Regel darunter verstehen. Als die theosophische Gesellschaft gegründet wurde, waren die stärkst möglichen Manifestationen der Adepten der inneren Ebene nötig, um die Lehre zu verankern, aber als das erreicht worden war, war diese Stärke der Manifestation nicht mehr nötig. In Bezug auf die „Inkarnationen“ der Adepten der inneren Ebene ist die Frage komplexer, als in der Regel angenommen wird und es gibt Unterschiede zwischen den Graden der Inkarnation. Ein geeigneter Schüler eines bestimmten Meisters kann von diesem Meister, mit Zustimmung und Kooperation des höheren Selbst dieses Schülers, für eine Art von Inkarnation benutzt werden, solange es dem Zweck des Meisters dient und das Ergebnis wäre kaum von einer echten Inkarnation zu unterscheiden. Die inkarnierende Kraft würde jedoch nur vorübergehend und zeitweise inkarniert werden und die Persönlichkeit, die so manifestiert würde, wäre nicht ihre eigene wahre Projektion. Ein Beispiel hierfür auf dem höchsten Niveau soll die Manifestation eines Aspektes des Christus im Herrn Jesus während dreier Jahre sein, um ein großes Werk zu vollbringen, während der hohe Eingeweihte, der die Kraft manifestierte, andere Leben auf der Erde hatte, die von seinem eigenen Geist geleitet wurden.

Der Erzengel Sandalphon

Dieser Erzengel ist der Leiter des Planeten Erde – der Regent von Malkuth (siehe die „Kosmische Doktrin“). Er hat die Erde seit lemurischen Tagen geführt und viele seiner Verbindungen mit der Erde erscheinen in Mythologien und den Mythen bestimmter Götter. Seine Entwicklung wirkt sich auf die Menschheit aus, so wie die Evolution der Menschheit sich auf die Entwicklung der Erde auswirkt (den planetarischen Geist, wie in der „Kosmischen Doktrin“ beschrieben). Die Engel der Rassen unterliegen seiner Zuständigkeit und bestimmte Länder und ihre Einflüsse sind in einem tiefen Sinn das Ergebnis seiner eigenen Stufen der Entwicklung.

Pallas Athene

Die Weisheit ist jungfräulich und unverfälscht. Bis zu einem gewissen Grad ist sie verhüllt, denn die Welt könnte ihren nackten Anblick nicht überleben. Je tiefer sie in die Materie eindringt, desto mehr muss sie abgeschirmt werden und daher ist sie zu ihrem eigenen Schutz bewaffnet; sie trägt einen Helm, damit ihr eigenes Feuer das Gehirn nicht zerstört; sie wurde gezeugt, nicht geschaffen; sie wurde vom Vater, d. h. dem göttlichen Funken durch logoidalen Kontakt geboren; sie trägt den Speer und besitzt alles Wissen. Kurz gesagt, sie ist Pallas Athene und auf ihrem Schild ist das Haupt der Medusa, verschleiert oder unverschleiert.